安徽省引江济淮工程考古成果

庐江三板桥周代遗址发掘报告

安徽省文物局 主编

厦门大学历史与文化遗产学院
安徽省文物考古研究所 编著

上海古籍出版社

图书在版编目（CIP）数据

庐江三板桥周代遗址发掘报告 / 安徽省文物局主编；厦门大学历史与文化遗产学院，安徽省文物考古研究所编著. -- 上海：上海古籍出版社，2024.9. --（安徽省引江济淮工程考古成果）. -- ISBN 978-7-5732-1277-1

Ⅰ. K878.05

中国国家版本馆CIP数据核字第20249EZ497号

安徽省引江济淮工程考古成果
庐江三板桥周代遗址发掘报告
安徽省文物局　主编
厦门大学历史与文化遗产学院　安徽省文物考古研究所　编著
上海古籍出版社出版发行
（上海市闵行区号景路159弄1-5号A座5F　邮政编码201101）
（1）网址：www.guji.com.cn
（2）E-mail: guji1@guji.com.cn
（3）易文网网址：www.ewen.co
上海雅昌艺术印刷有限公司印刷
开本889×1194　1/16　印张5.5　插页22　字数151,000
2024年9月第1版　2024年9月第1次印刷
ISBN 978-7-5732-1277-1
K·3665　定价：108.00元
如有质量问题，请与承印公司联系

目　　录

第一章　概述 …………………………………………………………………………………（1）

　　第一节　自然环境与历史背景 ………………………………………………………（1）

　　　　一、自然环境 …………………………………………………………………（1）

　　　　二、历史背景 …………………………………………………………………（3）

　　第二节　遗址概况与发掘经过 ………………………………………………………（4）

　　　　一、遗址概况 …………………………………………………………………（4）

　　　　二、发掘经过 …………………………………………………………………（5）

　　第三节　资料整理与报告编写 ………………………………………………………（7）

　　　　一、资料整理 …………………………………………………………………（7）

　　　　二、报告编写 …………………………………………………………………（7）

　　　　三、相关问题的说明 …………………………………………………………（7）

第二章　地层堆积 …………………………………………………………………………（9）

　　第一节　地层堆积及整理概况 ………………………………………………………（9）

　　第二节　地层堆积特点及成因 ………………………………………………………（11）

第三章　遗迹 ………………………………………………………………………………（12）

　　第一节　壕沟 …………………………………………………………………………（12）

　　第二节　建筑遗迹 ……………………………………………………………………（14）

　　　　一、房址 ………………………………………………………………………（14）

　　　　二、柱洞 ………………………………………………………………………（16）

　　　　三、灶 …………………………………………………………………………（19）

　　第三节　其他遗迹 ……………………………………………………………………（20）

　　　　一、灰坑 ………………………………………………………………………（20）

二、坑 …………………………………………………………………………………（27）
　　　三、灰沟 ………………………………………………………………………………（29）

第四章　遗物 ………………………………………………………………………………………（31）
　第一节　史前时期遗物 …………………………………………………………………………（31）
　第二节　周代遗物 ………………………………………………………………………………（34）
　　　一、陶器 ………………………………………………………………………………（34）
　　　二、石器 ………………………………………………………………………………（52）
　　　三、铜器 ………………………………………………………………………………（56）

第五章　分期与年代 ………………………………………………………………………………（57）
　第一节　地层分期 ………………………………………………………………………………（57）
　第二节　遗物分期 ………………………………………………………………………………（57）
　第三节　年代判断 ………………………………………………………………………………（61）

第六章　结语 ………………………………………………………………………………………（63）
　第一节　文化特征与文化因素分析 ……………………………………………………………（63）
　　　一、文化特征 …………………………………………………………………………（63）
　　　二、文化因素分析 ……………………………………………………………………（64）
　第二节　三板桥遗址的形成与废弃 ……………………………………………………………（64）
　第三节　总结 ……………………………………………………………………………………（65）

附录一　安徽庐江三板桥遗址浮选鉴定结果 ……………………………………………………（66）
　　　一、采样与浮选 ………………………………………………………………………（66）
　　　二、分选与镜检 ………………………………………………………………………（66）
　　　三、浮选结果 …………………………………………………………………………（67）

附录二　安徽庐江三板桥遗址出土动物遗存鉴定结果 …………………………………………（72）
　　　一、动物遗存出土简况 ………………………………………………………………（72）
　　　二、种属鉴定及描述 …………………………………………………………………（72）

附录三　安徽庐江三板桥遗址残留物检测报告 …………………………………………………（76）
　　　一、木炭附着物分析 …………………………………………………………………（76）
　　　二、坩埚残留物分析 …………………………………………………………………（77）

插 图 目 录

图一	皖中沿江平原示意图	(2)
图二	遗址位置示意图	(4)
图三	遗址布方示意图	(6)
图四	东墩、西墩、北墩总剖面图	(10)
图五	东墩总平面图	(12)
图六	西墩总平面图	(13)
图七	北墩总平面图	(13)
图八	F1平、剖面图	(15)
图九	F2平、剖面图	(16)
图一〇	F3平、剖面图	(17)
图一一	Z1平、剖面图	(19)
图一二	Z2平、剖面图	(20)
图一三	H1平、剖面图	(21)
图一四	H2平、剖面图	(22)
图一五	H4平、剖面图	(22)
图一六	H5平、剖面图	(23)
图一七	H6平、剖面图	(23)
图一八	H7平、剖面图	(24)
图一九	H8平、剖面图	(25)
图二〇	H9平、剖面图	(25)
图二一	H10平、剖面图	(26)
图二二	H11平、剖面图	(26)

图二三	H12平、剖面图	(27)
图二四	G1平、剖面图	(30)
图二五	G2平、剖面图	(30)
图二六	史前时期遗物之一	(32)
图二七	史前时期遗物之二	(34)
图二八	陶器纹饰拓片	(36)
图二九	A型鬲	(38)
图三〇	B、C型鬲	(39)
图三一	D、E型鬲	(40)
图三二	A型鬲足	(41)
图三三	B型鬲足	(42)
图三四	A型豆	(43)
图三五	B、C型豆	(44)
图三六	盂	(45)
图三七	钵	(46)
图三八	罐	(47)
图三九	器盖	(48)
图四〇	盆	(49)
图四一	甗、陶拍、陶响球、圆陶片、小陶杯	(50)
图四二	纺轮、网坠	(51)
图四三	石钺、石锛	(52)
图四四	石斧、石凿、石镰	(54)
图四五	石刀、石箭镞、石环状器、切割器、刮削器	(55)
图四六	铜箭镞	(56)
图四七	陶鬲演变图	(58)
图四八	陶豆演变图	(58)
图四九	陶器盖演变图	(59)
图五〇	陶钵演变图	(59)

图五一	三板桥遗址各期陶质、陶色比例图	（60）
图五二	三板桥遗址各期纹饰比例图	（60）
图五三	三板桥遗址各期陶器器类比例图	（60）
图五四	北京大学加速器质谱实验室、第四纪年代测定实验室碳十四测定数据	（62）

插 表 目 录

表1　三板桥遗址所见坑相关数据表 ……………………………………………………（28）

表2　TN20E19出土陶片陶质、陶色统计表 ……………………………………………（35）

表3　TN20E19出土陶片纹饰统计表 ……………………………………………………（35）

表4　三板桥遗址浮选样品来源统计表 …………………………………………………（66）

表5　三板桥遗址出土植物遗存统计表 …………………………………………………（67）

彩版目录

彩版一　　三板桥遗址远景与航拍
彩版二　　三板桥遗址远景与航拍
彩版三　　三板桥遗址远景与航拍
彩版四　　三板桥遗址地层剖面与壕沟航拍
彩版五　　三板桥遗址地层剖面与壕沟航拍
彩版六　　遗迹
彩版七　　遗迹
彩版八　　遗迹
彩版九　　遗迹
彩版一〇　遗迹
彩版一一　遗迹
彩版一二　遗迹
彩版一三　史前时期遗物
彩版一四　陶鬲
彩版一五　陶鬲
彩版一六　陶鬲
彩版一七　陶鬲
彩版一八　陶豆
彩版一九　陶豆
彩版二〇　陶盉
彩版二一　陶钵
彩版二二　陶器盖
彩版二三　其他陶器
彩版二四　其他陶器
彩版二五　石器
彩版二六　石器
彩版二七　石器
彩版二八　石器
彩版二九　铜器
彩版三〇　遗址部分浮选结果显微相片
彩版三一　动物骨骼

第一章 概 述

第一节 自然环境与历史背景

一、自然环境

根据古地理学的研究[①]显示,第四纪是新构造运动发展相当剧烈的一个时期。它具有各种运动形式的表现。现代大地貌的形成,在颇大程度上,取决于上新世纪末—第四纪时期以来所发生的新构造运动。东部地区开始形成大规模下沉的填充式平原,淮北平原在漫长的时间内形成准平原和残丘分布的景观。秦淮地区处于北亚热带气候,全年活动温度大幅升高,降水变化剧烈,热量和水量配合适当,适合人类生存。

安徽沿江平原,位于皖西丘陵山地、江淮丘陵台地和皖南丘陵山地间的长江两岸,是长江中下游平原的重要组成部分之一。总体而论,沿江平原虽为一平原,但实际上有相当的山地和丘陵散布,即使同为平原,各地的地貌特征也有区别,故又可将其分为巢湖盆地、滁河平原、天长平原、大别山东南山前平原、江北丘陵带、安庆谷地、和无平原和宣芜平原等八个次级单元。

皖中沿江平原区域内水网密布,支流众多,多为长江水系。长江北岸有皖江、洲河、裕溪河、兆河、清流河等,长江南岸有后河、九华河、青弋江等,皆从两侧山地丘陵岗地汇入长江。湖泊众多,主要有巢湖、石臼湖、南漪湖、菜子湖、黄陂湖、泊湖、龙感湖、大官湖、武昌湖、破罡湖等。其中巢湖面积770平方千米,为安徽省最大的湖泊、全国第五大淡水湖。平原自西向东,于铜陵以东突现宽阔,出现大片平原,铜陵以西仅处于两岸狭长的山前地带。(图一)

皖中沿江平原地区地处江淮之间,属于湿润的北亚热带季风气候,季风明显,四季分明,全年气候温暖湿润,雨量丰沛,湿度较大,日照充足,雨热同季,无霜期长。平均气温在15~16℃之间,极端高温可达41.3℃,极端低温达-14℃。该区域内多年平均降水量约为1 100毫米,无霜期为210~240天。

庐江境内地形复杂。西部属大别山余脉,层峦叠嶂,绵延而南;东挟黄(陂)、白(湖)二湖;北襟巢湖,圩畈相连;中多丘阜,纵横起伏,冲塝相间。海拔最高为境西的牛王寨,达595米,最低为境北同大圩的同大浦,仅5.8米,相对高差589.2米,一般海拔为20~40米,形成西南高、东北

[①] 中国科学院《中国自然地理》编辑委员会:《中国自然地理(古地理)》,科学出版社,1984年。

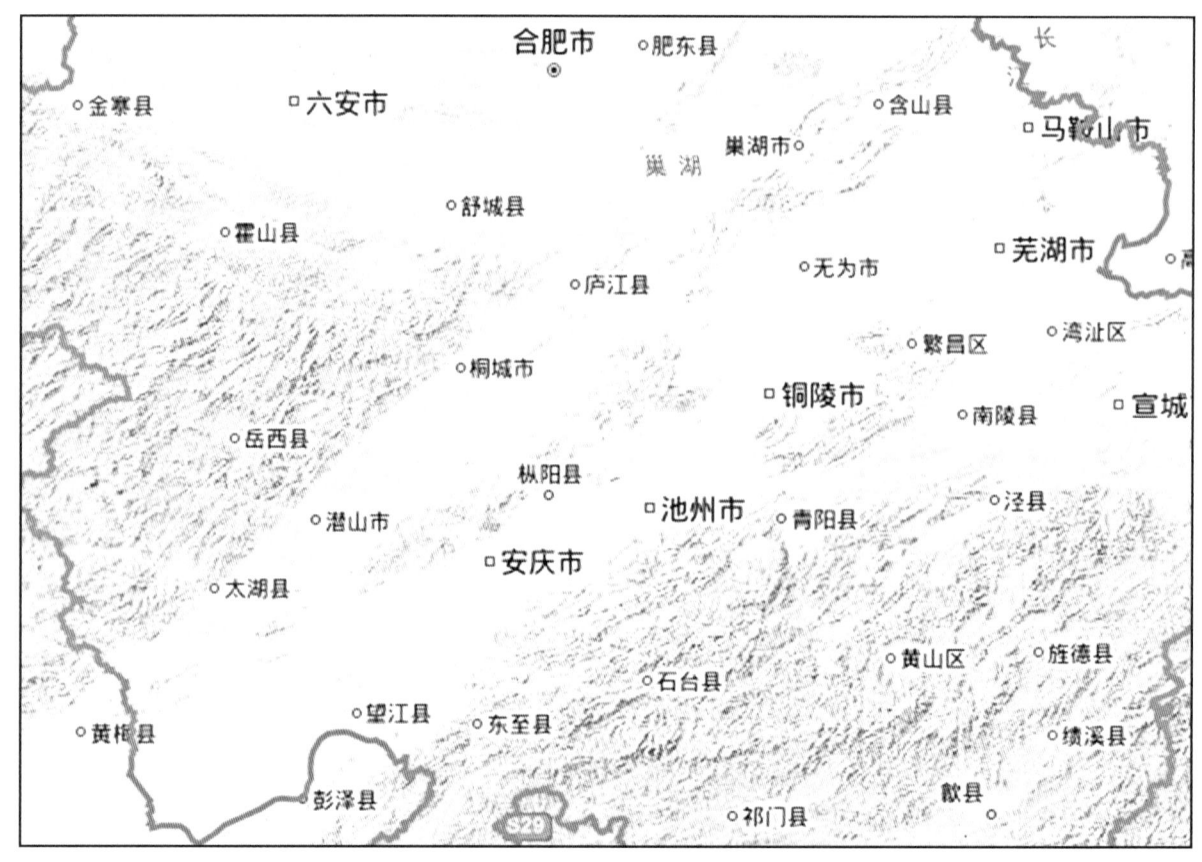

图一　皖中沿江平原示意图

低的地势。在全县总面积(含巢湖水域约82平方公里)中,山区、低山区面积422平方公里,丘陵区1 270平方公里,圩区400平方公里,湖泊260平方公里,大体是山、圩各两分,一水五丘陵。县境主要河流有杭埠河、县河、白石天河、塘串河、兆河、西河、马槽河、金牛河、罗埠河、瓦洋河、黄泥河、罗昌河、柯坦河、界河14条。其中境北杭埠河、境东兆河、境南界河为跨县界河。山涧小河随地形分布如枝,分别注入巢湖、白湖、黄陂湖及枞阳县境的白荡湖、菜子湖等水系而入江。地下水蕴藏量不明。由于受深断裂、燕山晚期岩浆活动和强烈上升的新构造运动的影响,境内温泉出露较多,如汤池、冶山、邓湖、顺港、砖桥、石山、石桥、城池等地温泉均有一定涌量,汤池、冶山矿泉涌量较大。

庐江县地处中纬度地带,在气候区划内属湿润的北亚热带季风气候。此地气候温和、湿润,颇适合人类生存。一年四季太阳辐射和冬夏两季昼夜长短的变化,均居适中。冬寒夏热,春秋温和,四季分明,寒暑显著,阳光充实,无霜期长。季风环流的影响使县境冬季气温低于同纬度地区,夏季气温高于同纬度地区,且全年降水量集中在春夏季,秋冬较少。由于地理环境影响,本县年降水量的分布,呈现出由南向北逐渐减少的趋势。多年平均气温为15.8℃。极端最高气温为41.3℃,极端最低气温为-13.7℃。多年平均降水量为1 188.1毫米,每年的6、7月间为梅雨季节。多年平均无霜期为238天。

本县土壤类型和分布规律为：丘陵地区形成的土壤母质主要是下蜀系黄土，庐北地区土壤母质以山河冲积物为主，庐南圩区土壤母质多为湖相沉积物。山区土壤由花岗岩、正长岩、片麻岩、石炭岩和紫色沙岩等母质构成，经过土壤概查，全县共有5个土类、9个亚类、25个土属、60个土种。

庐江县多矿藏，地质勘测发现，境内矿产种类繁多，生成条件各异。其中，金属矿有：铜、铁、铅、银、锌、硫铁、镓、铀。非金属矿有：明矾、莹石、重晶石、白云石、钾长石、石英石、磷、石灰岩、高岭土、膨润土、石墨、石膏、煤等[1]。

二、历史背景

皖中沿江平原地区早在旧石器时代，即有史前人类广泛居住。位于芜湖市繁昌县的人字洞旧石器遗址，是目前所知中国最早的人类文化遗址。此外还有水阳江旧石器遗址群、巢湖旧石器遗址群、和县猿人遗址、银山智人遗址等多处旧石器时代文化遗址。根据调查结果显示，庐江县境内也有诸多早期遗址，如三官殿、孙墩、双墩、锅底锋、会圣岩、申山双墩等。

今庐江县境，春秋属舒国，徐人取舒后，为楚地。秦王政二十四年（前223）以楚地为郡，舒邑先属九江郡，后属衡山郡。汉为舒县，初属淮南国、衡山郡，后属衡山国、衡山郡。武帝元狩二年（前121），废江南庐江郡，以其地分属豫章和鄣郡（后改丹阳郡），以江北衡山郡东部及九江郡南部，置新的庐江郡，郡治舒。平帝元始四年（4）王莽改庐江郡舒县为昆乡。东汉仍为庐江郡舒县。三国时期，先后分属吴庐江郡（治皖），魏庐江郡（治阳泉）。晋仍为舒县，属豫州庐江郡（治阳泉）。刘宋舒县仍属庐江郡，隶南豫州。南齐建元二年（480），舒县复为庐江郡治。梁置湘州，庐江郡属之，州、郡治均在舒县。侯景之乱，北魏高澄取淮南地，庐江郡改属合州（治合肥），改舒名潜。陈时，潜为庐江郡治。《魏书·地形志》："庐江郡领县三，首潜，注有野父山（即今冶父山）。"隋开皇三年（583）起，以州统县，废庐江郡，改合州为庐州。大业三年（617），复改庐州为庐江郡，州、郡治移建于合肥，为存旧名，改旧治为庐江县。唐为庐江县。武德三年（620），又改庐江郡为庐州。开元二十三年（735），分合肥、庐江两地，置舒城县。天宝元年（742），改庐州为庐江郡。乾元元年（758），复改庐江郡为庐州，庐江是其属县。五代十国时，庐江县属庐州。庐州先属杨吴，置德胜军于庐州，后属南唐，置昭顺军。周克淮南，改为保信军。宋初，属庐州保信军。太平兴国三年（978），宋分庐江县，地置无为军，庐江属之。无为军先属淮南路，熙宁五年（1072），改属淮西路。元属无为州，至元二十八年（1291），改属庐州路，隶河南江北行省。明隶庐州府，庐州府直隶六部，后直隶南京。清顺治二年（1645），庐江县属江南布政使司庐州府。1949年1月22日，庐江全境解放，庐江、桐庐两县属桐城专区；2月，桐庐县庐南部分归还庐江建制；7月，湖西县并入庐江，隶皖北行署巢湖专区。1952年，庐江县属安徽省芜湖专区。1958年7月，庐江县由芜湖专区划归六安专区。1965年7月，复设巢湖专区（专署驻巢县），庐江由六安划归巢湖专区。2011年8月，经国务院批准，撤销地级巢湖市，庐江县划归合肥市管辖，至今隶属未变。

---

[1] 庐江县地方志编纂委员会：《庐江县志》，社会科学文献出版社，1993年。

第二节 遗址概况与发掘经过

一、遗址概况

三板桥遗址位于安徽省合肥市庐江县庐城镇申山村三板桥自然村北部,东距庐江县城14公里。地理坐标为北纬31.290 57°、东经117.234 68°,海拔20米。(图二)

遗址两侧各有两条小河,周围为低洼的平原地带,地势平坦开阔,海拔在0.2~0.25米。遗址形态为三个高台,按其相对位置可分为北墩、西墩和东墩。东墩和西墩高于周围水田2~3米,北墩高于周围水田3~5米,各墩之间相距不超过50米。江淮之间的商周时期遗址绝大多数为此类形态,俗名经常称为某某墩子,在考古学上称为台形遗址,或墩子遗址。

遗址东墩略呈圆角正方形,西墩为圆角长方形,北墩为长方形。台墩遗址整体保存较好,从现存状况看,后期应遭到平整。东墩面积约5 100平方米,西墩面积约2 100平方米,北墩面积约5 400平方米,遗址总面积约12 600平方米。现地表为水稻种植区,由于征地工作早已展开,现存少量树木和杂草。根据村民表述,三个墩子上也是近现代村民墓葬分布区,大部分已

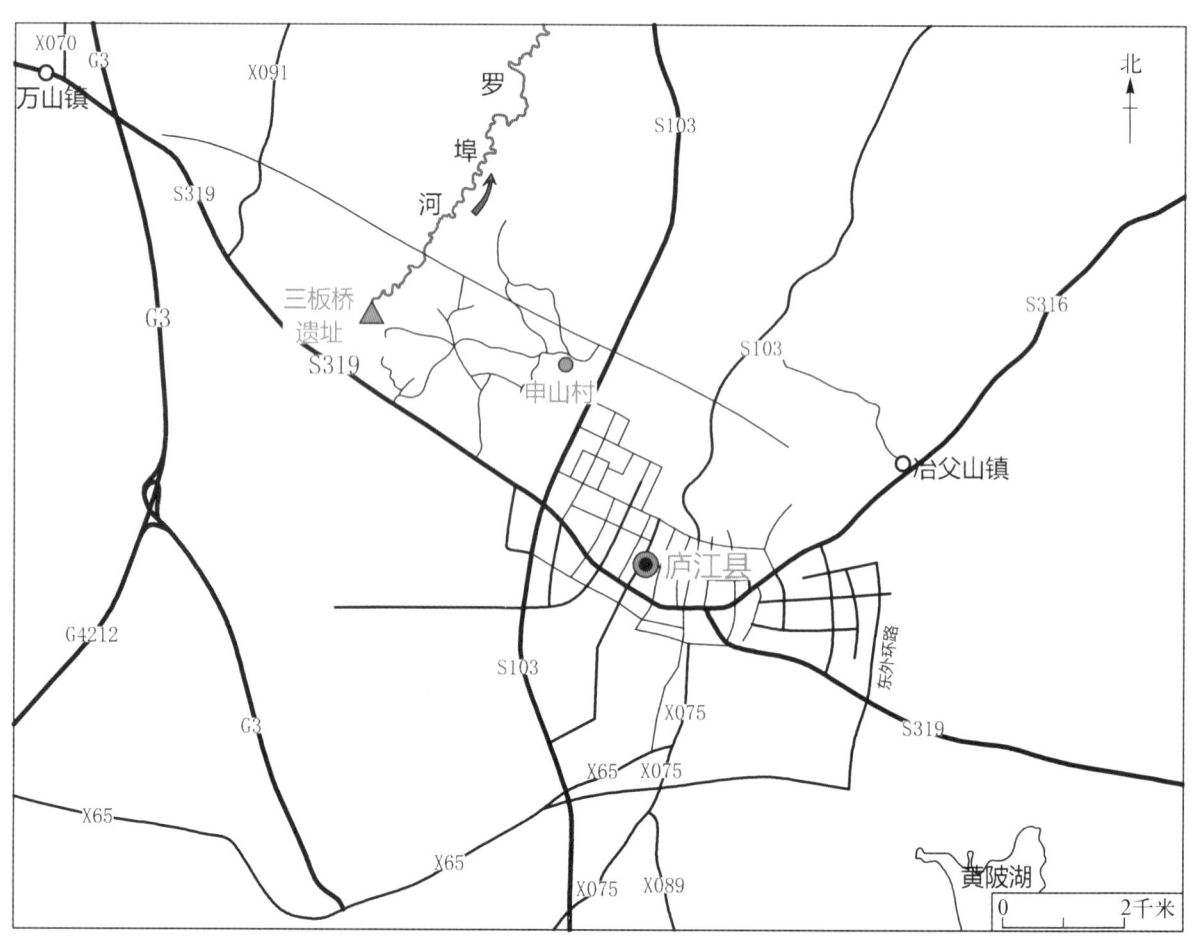

图二 遗址位置示意图

迁走，少量残留。总体来看，现代人类活动对遗址有部分破坏，但基本上保存较完好。（彩版一、二）

此遗址第一次发现于第二次全国文物普查期间，1984年，安徽省全省文物普查中，发现并确认为三板桥遗址，初步判定为龙山文化遗址，这与发掘结果有一定的出入。1987年，三板桥遗址被庐江县人民政府确认为庐江县第一批县级重点文物保护单位。

二、发掘经过

2018年7月29日—12月2日，为配合引江济淮工程引江济巢段的建设，厦门大学历史与文化遗产学院考古专业向国家文物局申请了发掘执照（考执字2018），对三板桥遗址进行了抢救性发掘，发掘领队为张闻捷。由于引江济淮工程红线涉及三板桥遗址的大部分区域，故此次发掘共涉及在工程红线内的西墩和东墩全部，以及北墩东半侧。工程红线以外遗址区并未纳入发掘范畴。

此次考古发掘工作分三个发掘区进行：东墩、西墩和北墩。根据三个台墩的相对位置，选择以西墩第一排方的西南角为基点，以正北方向为纵轴，正东方向为横轴，将整个遗址置于第一和第四象限之内，以5米×5米的规格布方，按横纵坐标为两位数来进行编号，例如TN01E01。10米×10米探方以西南角探方号命名。探沟单独命名。东墩布5米×5米探方16个，2米×50米探沟1条，面积共500平方米；西墩布5米×5米探方20个，面积共500平方米；北墩布5米×5米探方28个，10米×10米探方3个，北墩下壕沟布1.5米×1.5米解剖沟1条，面积共1 002.25平方米。（彩版三）遗址总发掘面积2 002.25平方米。（图三）东墩开设探沟，旨在了解台地下层状况，北墩的探沟是在发现外围可能存在环壕后进行的局部解剖，以了解环壕及台墩外堆积情况。在北墩布设10米×10米的探方，是出于更好地全面揭示遗址面貌的目的，也是北墩第一批探方发掘后，对所发现文化层深度可达4～5米的应对措施。

在发掘期间，中国社会科学院考古研究所徐良高先生和何努先生，以及安徽省文物考古研究所数位专家莅临发掘现场指导工作，查看了地层堆积、遗迹和出土器物，与考古队员一起讨论了该遗址的地层堆积特点、形成原因、聚落形态特征、出土器物特征和文化面貌等，尤其是一个小区域内密集分布多个台型聚落的可能原因。徐良高先生认为，多个时代一致的聚落相邻分布，应该是在功能上有一定的区分，椭圆形聚落和圆形聚落可能就是因功能不同而刻意营造的不同形状。何努先生认为，要考虑河流、运输、王权统治等多方面信息，这些密集分布的聚落可能就是当时物质运输和交流的集散地，是周人经略南北的重要设施。厦门大学历史与文化遗产学院考古专业的葛威老师对地层和遗迹的土壤及相关自然物均进行了全面、科学的采集和取样，为日后进行动植物考古的多学科研究提供珍贵的第一手资料。中山大学余翀老师对遗址出土的动物骨骼进行了种属鉴定和相关信息的获取。

参加发掘工作的主要为厦门大学历史与文化遗产学院考古专业学生，首都师范大学的两位学生也参与了田野发掘工作。发掘期间，安徽省文物考古研究所的张辉老师为发掘工作提供了后勤保障和相关支持，在此一并感谢。

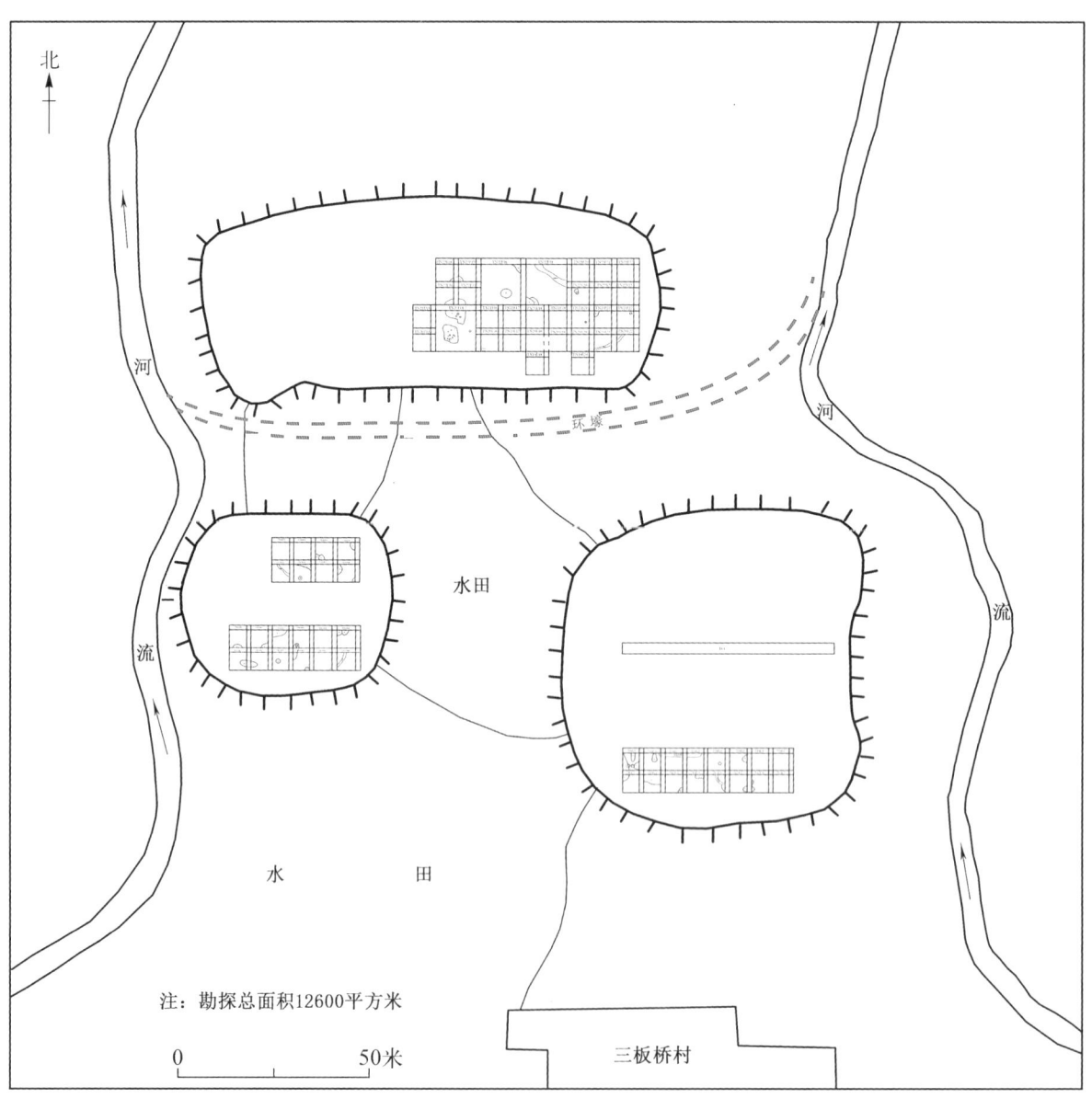

图三 遗址布方示意图

关于田野发掘方面，需说明的是，由于三板桥台墩遗址的土壤特性，且发掘时期处于夏秋之际，雨水充足，导致预留的探方隔梁易于坍塌，给发掘工作带来极大的不便。并且，土壤在日晒之后异常坚硬，也给发掘工作增加难度。发掘过程中，文化层深度达4～5米，地层情况复杂，发掘工作若有失误，敬请谅解。

第三节 资料整理与报告编写

一、资料整理

（一）第一阶段

2018年7月—12月，三板桥台墩遗址田野发掘工作期间，利用雨天等天气恶劣、无法进行田野发掘的时间，我们着手对发掘资料进行整理。首先是对各探方内出土的陶片进行数量和器型的统计，并且尝试拼对。其次是整理探方资料，包括日记与发掘记录。在此期间，还对残损小件和可拼对陶片进行粘合与修复，并完成了所有小件器物的修复工作，同时，绘制了部分小件和标本图。

（二）第二阶段

2019年6月18日至6月28日，为室内整理阶段。主要是对所有小件器物进行绘图、描图。同时，对所有探方资料和图纸进行扫描存档，同步进行小件和重要标本的描述和基础数据测量工作。

二、报告编写

2019年7月—2020年8月，在资料整理完成的基础上，出于对三板桥遗址出土遗物和所见遗迹现象的研究，也为便于江淮地区后续商周时期台墩遗址研究工作的开展，我们着手进行报告编写工作。

首先，重新核对了所有探方数据资料，对应相关探方地层情况。其次，核实三板桥台墩遗址所有小件和重要标本的照片、线图以及描述，使之一一对应。

报告由厦门大学历史与文化遗产学院柴政良、张闻捷、阮晓根、安徽省文物考古研究所张辉执笔。柴政良、吴秀华、付亚南绘图；贾长有修复；柴政良照相。厦门大学文物与博物馆专业硕士研究生周萌、林俊毅、罗诗晨、梅依洁、徐钦蒙、赵虎帮助整理小件线图以及核对资料。遗址的动物骨骼分析、土壤浮选以及出土木材的初步整理工作由厦门大学科技考古实验室完成，厦门大学考古学研究生李舜杰负责。

三、相关问题的说明

（一）编号

1. 探方编号：如2018SWDTN01E01，2018表示2018年发掘，SWD表示三板桥遗址西墩，在以下行文中将2018SWD省略。TN01E01则是依据坐标法对探方进行编号，其中N01表示纵坐标，

E01表示横坐标。

2. 遗迹编号：房址、灰坑、灰沟、灶均采用考古学通用的编号方法，即以F、H、G、Z分别表示。而在发掘过程中又多见无陶片的坑，遂编号为K，并且在每个探方内单独编号，以示区别。

3. 地层编号：三板桥遗址分为三个发掘区，从地层状况来看，东墩和西墩地层性质一样，可以对应，但北墩地层明显不同于西墩和东墩，因此，在地层描述中会将三板桥遗址地层状况分两部分展开。为说明东墩、西墩和北墩探方层位的对应关系，在后文中会将三个发掘区的地层对应或相对早晚关系制成表格，以作说明。

（二）关于红烧土遗迹的处理办法

在三板桥遗址北墩的发掘工作中，台墩边缘两侧的探方中常见红烧土堆积。但是在不同探方中，红烧土堆积呈现出不同形状，故有针对性地采用不同的处理办法。部分探方内红烧土堆积散乱，无完整平面，且面积较小，应为红烧土倾倒堆积。将散乱的红烧土块清理后，也未见遗迹现象。而北墩西侧探方中，将表层散乱土块清理后，可见柱洞排列和红烧土硬面等房址遗迹现象。

第二章 地层堆积

第一节 地层堆积及整理概况

三板桥遗址地层堆积较为复杂，三个台墩均为四周边缘区域地层较厚，中间部分地层较薄。东、西两墩相对于北墩地层数量较少，且堆积层相对较薄。在发掘过程中，我们在东、西、北三墩均保留剖面，以观察整个遗址的堆积概况（彩版四，1、2；彩版五，1）：包括东墩纵坐标S04一列探方南壁、西墩纵坐标N01一列探方北壁、北墩纵坐标N20一列探方南壁。（图四）

通过观察三板桥遗址保留的三个剖面，我们发现三板桥遗址的堆积概况与发掘前了解到的当地同时期台形遗址相似：遗址四周高，中间低，地层中不规律地分布着夹层。东墩、西墩地层较浅，也较为简单清晰，北墩相对复杂。但是在发掘过程中，先后在北墩第④层和第⑥层发现两层红烧土层，这两层红烧土层主要分布于北墩台地边缘，向台地内部趋薄并逐渐消失。红烧土层的发现，让地层梳理有了参照层，同时也代表了三板桥遗址的早晚两期文化层。

东墩地层共3层：

第①层：黄褐色偏灰黏土，土质疏松，厚0.1～0.25米。包含现代器物。

第②a层：浅黄色土，土质致密，距地表深0.1、厚0.2～0.4米。无包含物。仅见于TS05E25～TS05E26。

第②b层：灰白色土，土质致密，距地表深0.1、厚0.3～0.5米。无包含物。仅见于TS04E21～TS04E23。

第③层：灰黑色土夹红烧土颗粒，土质致密，西部薄，东部厚，距地表深0.1、厚0.2～0.75米。包含西周晚期遗物。

第③层下为生土层。

东墩另有②a、②b层，分布于个别探方。

西墩地层共4层：

第①层：黄褐色偏灰土，土质疏松，厚0.04～0.1米。包含植物根茎及现代废弃物。

第②层：灰黄色土，土色斑驳，土质较致密，距地表深0.1、厚0.2～0.4米。包含春秋早期遗物。

第③层：灰黄色土夹少量白斑，底部有焚烧痕迹，土质疏松，距地表深0.4、厚0.6～1米。包含西周晚期遗物。

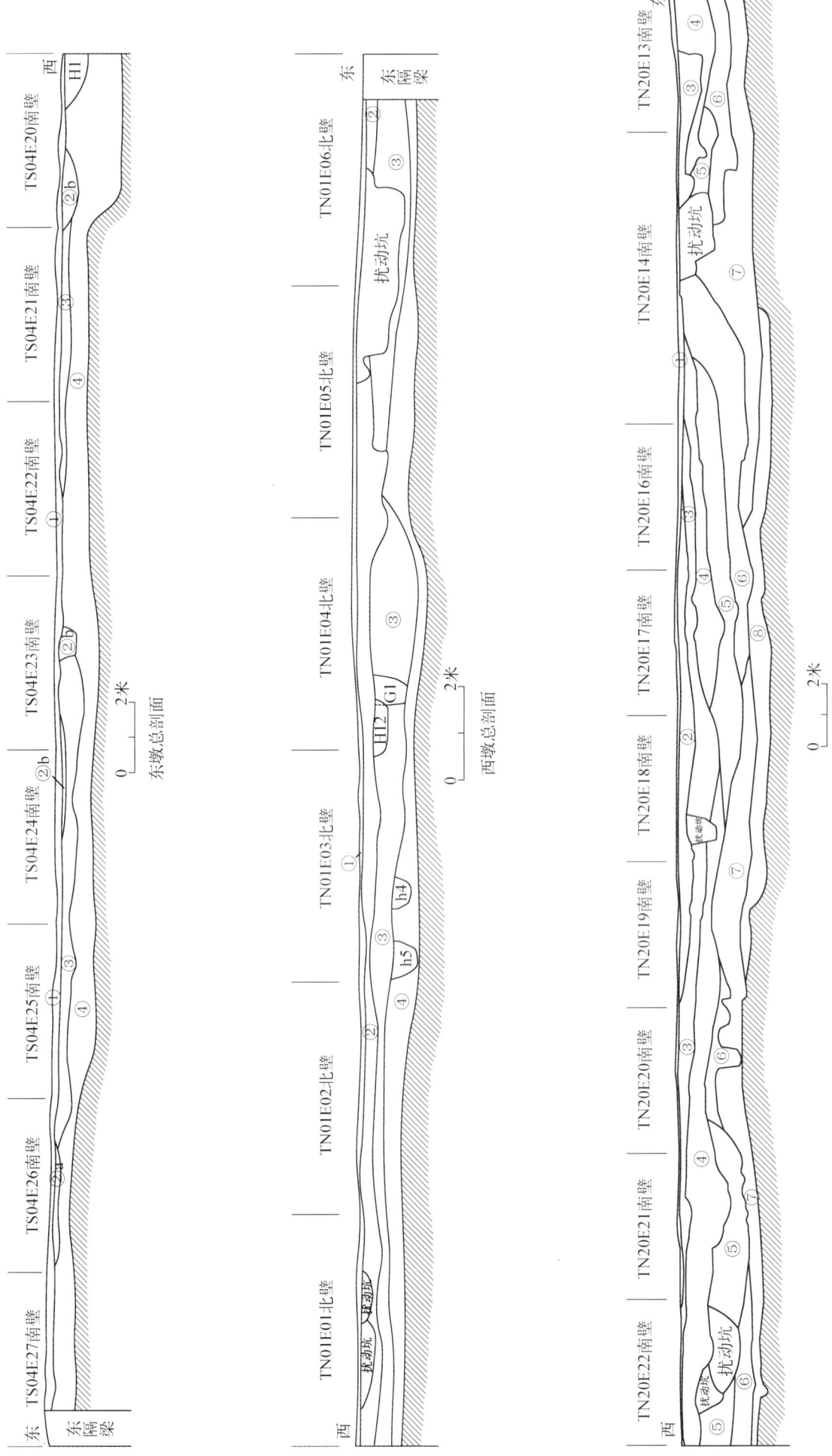

图四 东墩、西墩、北墩总剖面图

第④层：青灰色土夹杂大量锈色斑点，土质较致密，距地表深1、厚0.1~0.3米，无包含物。

第④层下为生土层。

北墩地层共8层：

第①层：黄褐色偏灰土，土质疏松，厚0.04~0.1米。包含现代器物和植物根茎。

第②层：灰褐色土层夹大量白斑，土质较致密。距地表深0.1、厚0.34~0.56米。包含春秋早期遗物。

第③层：灰黄色土，土质较疏松，距地表深0.5、厚0.3~0.5米。包含春秋早期遗物。

第④层：黑灰色与黄色相间土，推测该地层经过多次叠压，土质较疏松，距地表深0.8、厚0.3~0.6米。包含春秋早期遗物。

第⑤层：间隔层，黄色土，土质较致密，距地表深1.1、厚0.5~0.7米。包含物极少。

第⑥层：黑灰色土，土质疏松，距地表深1.9、厚0.4~1.0米。包含西周晚期遗物。

第⑦层：灰黄色土夹锈色斑点，土质致密，距地表深2.6、厚0.2~0.7米。包含西周晚期遗物。

第⑧层：灰黑色淤泥土，土质致密，距地表深2.9、厚0.16~0.34米。包含西周晚期遗物。

第⑧层下为生土层。

第二节　地层堆积特点及成因

通过上文对三板桥遗址东、西、北三墩大剖面的介绍，我们对遗址的地层堆积情况有了比较全面的了解。三板桥遗址三墩及各探方堆积情况较为一致，这与江淮地区同时期其他遗址也存在众多相似。

三板桥遗址地层堆积特点：

1. 台地边缘地层堆积层次较多，中部层次较少。

2. 台地边缘地层堆积较厚，中部地层堆积较薄。

3. 通过观察地层堆积的趋势，三板桥遗址与同地区同时期遗址类似，台地边缘地势高、中部低。三板桥遗址北墩台地中部地势较低，且北墩第⑧层为湖相静水堆积的淤泥土，推测台地中部地势较低处常年积水。

4. 三板桥遗址中有众多红烧土堆积，部分红烧土堆积层累叠压，表明三板桥居民反复构建居住面。

5. 台地边缘遗迹较多，而台地中部遗迹较少，尤其是建筑类遗迹，表明居住区位于台地边缘，中部居民活动较少。

6. 三板桥遗址地层最厚处为4米，有两层文化层：北墩④层、北墩⑥层，边缘处平均厚度均接近1米，而台地中部文化层较薄。表明三板桥居民在台地边缘反复叠压构筑居住区，使台地边缘地势渐高。

以上特点与三板桥遗址聚落分布以及居民行为方式密切联系，与环境、气候亦有一定的关联。

第三章 遗 迹

本次发掘发现了壕沟遗存、以房址和灶为代表的建筑类遗迹、以灰坑和灰沟为代表的其他遗迹。(图五、图六、图七)

第一节 壕 沟

对三板桥遗址北墩发掘之前,引江济淮工程施工队已对台墩下地面进行了取土作业,破坏了部分壕沟,且台墩下地面已整体施工,故本次发掘未进行钻探作业。

观察施工断面后,发现一条由北墩南侧延伸至东侧的壕沟,以横坐标19、纵坐标10,在壕沟中部开设1.5米×1.5米解剖沟1条。壕沟相对于地面深3米,壕沟底与现存北墩相对高差8米,沟宽2米。壕沟内堆积单一,与北墩第⑧层堆积相同,均为静水湖沼堆积。因施工破坏严重,环壕仅存北墩南侧段,根据航拍观察壕沟走向,推测该壕沟连接北墩东西两侧古河道,形成三面闭合的环壕。(彩版五,2)

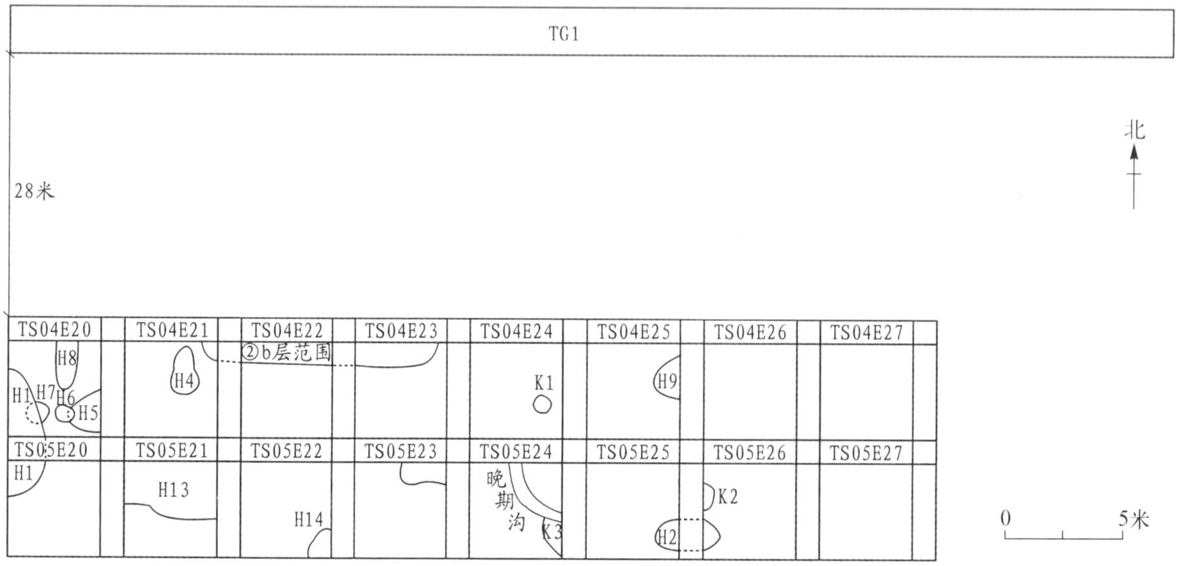

图五 东墩总平面图

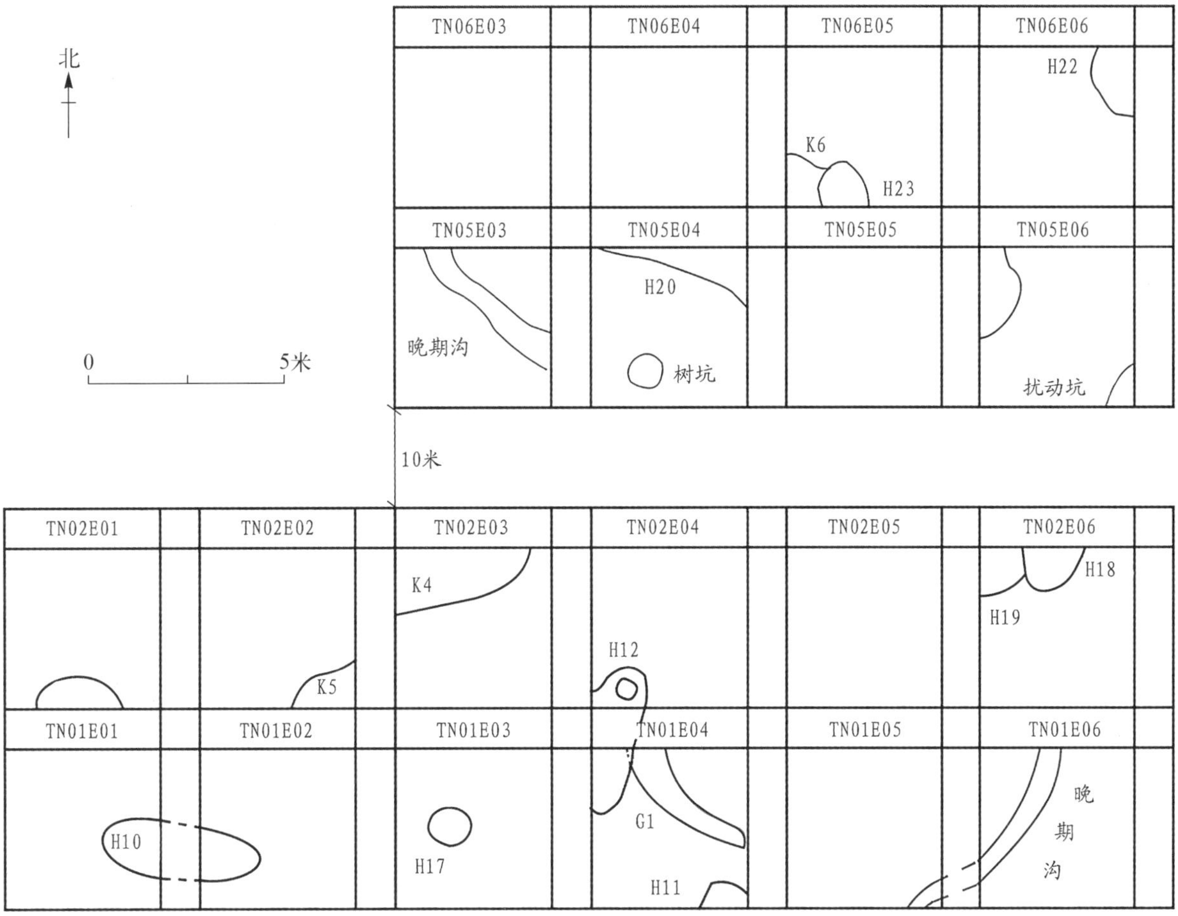

第三章 遗 迹

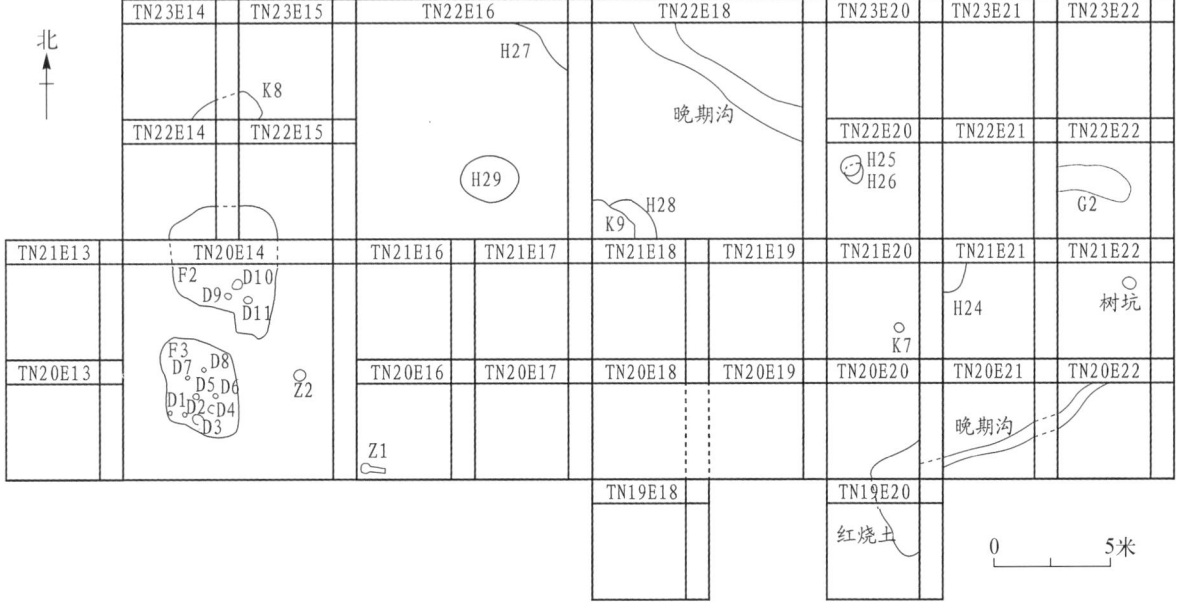

图六 西墩总平面图

图七 北墩总平面图

壕沟中部解剖沟位于三板桥遗址北墩正南方向，该解剖沟沟底与现存北墩相对高差8米。于此处布置TG2，以TG2北壁为例，说明其堆积情况。壕沟内堆积情况单一，仅一层青灰色淤泥土，土壤颗粒细腻。

由于壕沟顶部地层不能与台墩堆积相通，因此无法通过地层判断其年代，仅可依据壕沟内遗物以及科技考古手段进行推定。踏查解剖沟及壕沟残部，仅发现少量夹砂红陶碎片，与三板桥遗址北墩下层出土陶片一致，具有遗址早期堆积的特征。我们还在壕沟中采集木炭样本，据此判断壕沟的形成和使用年代与三板桥遗址早期阶段一致。

第二节　建筑遗迹

三板桥遗址发现少量建筑类遗存，主要有房址、分布于房址范围内的柱洞，以及灶。以下分类进行介绍。

一、房址

三板桥遗址发掘前期，根据相似遗址的发掘情况，我们大致了解到，安徽江淮地区台型遗址的房址一般分布在台地边缘，但发掘过程中，对于房址的界定依然较为困难。在发掘过程中，不断发现不规则分布且没有具体形状的红烧土平面，少数红烧土平面上有柱洞，而柱洞的排布也无规律可循，难以构成长方形或圆形空间。红烧土及柱洞存在的平面内，遗物较少，也无灶、门道等辅助判断的遗迹。在发掘后期，我们在探方TN20E14中发现一片倒塌的红烧土堆积，可分为上下两层，上层为碎裂的烧土块，下层为较为致密且平整的红烧土平面。在该片红烧土堆积中也分布着诸多柱洞，红烧土堆积及柱洞构成了20平方米的独立空间，我们由此推测此片红烧土堆积为房址，并定名为F1。三板桥遗址共发现此类房址3座。

（一）F1

由红烧土倒塌堆积、红烧土平面、柱洞组成。位于TN20E14西侧，整体呈西北—东南走向。（图八；彩版六，1）

F1开口于第④层下。东侧边际被破坏。房址形状为近圆形的圆角正方形，直径约4.5米，面积约14平方米。厚约0.1米的倒塌堆积叠压于居住面上，倒塌堆积多为红烧土碎块。红烧土碎块可分为两类：一类是无掺合料的红烧土，一类是包含草杆、秸梗等有掺合料的红烧土。居住面可分两层：上层呈砖红色，为黏土烧结而成，一体性强，厚约0.05米；下层为黑灰色未烧结黏土，厚约0.05米。共发现柱洞5个，直径约1.5米，平均深度0.3米，柱洞同时打破次生倒塌堆积和居住面。

房址内堆积主要包括红烧土碎块和少量陶片，陶片主要为夹砂灰陶，此外还出土1件夹砂灰陶豆柄。

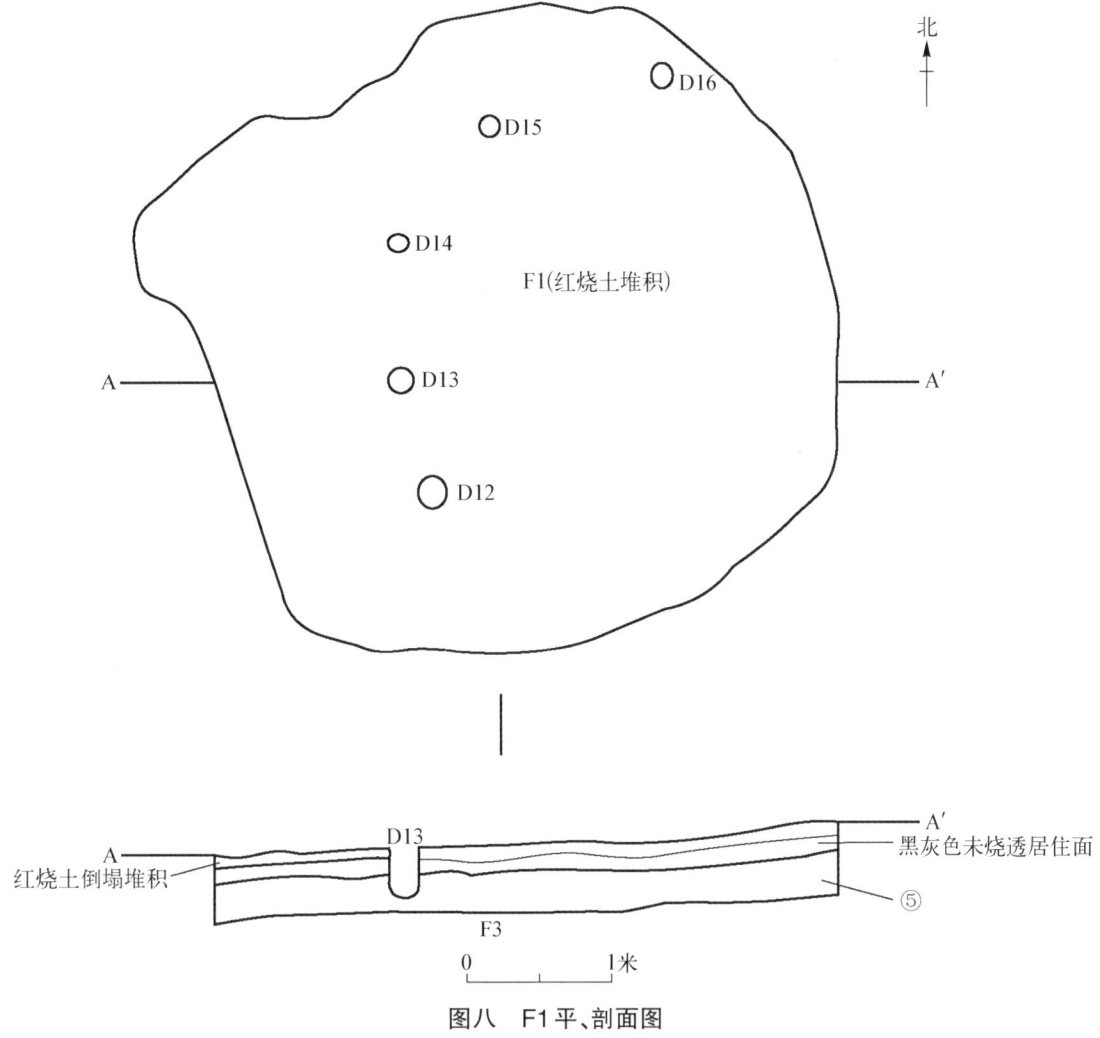

图八 F1平、剖面图

（二）F2

由红烧土倒塌堆积、红烧土平面、柱洞组成。部分位于TN20E14北侧、TN22E14东南侧和TN22E15西南侧，还有部分位于TN20E14北隔梁及TN22E14东隔梁下。整体呈南北走向。（图九）

F2开口于第④层下。房址形状为圆角平行四边形，长约4.5、宽约5.5米，面积约18平方米。倒塌堆积厚约0.1米，多为红烧土碎块。红烧土碎块可分为两类：一类是无掺合料的红烧土，一类是包含草杆、秸梗等有掺合料的红烧土。共发现柱洞3个，直径约0.2米，平均深度0.3米，柱洞打破倒塌堆积。

房址内堆积主要包括红烧土碎块和少量陶片，陶片主要为夹砂红陶，还有少量夹砂灰陶，另出土2件鬲足标本。

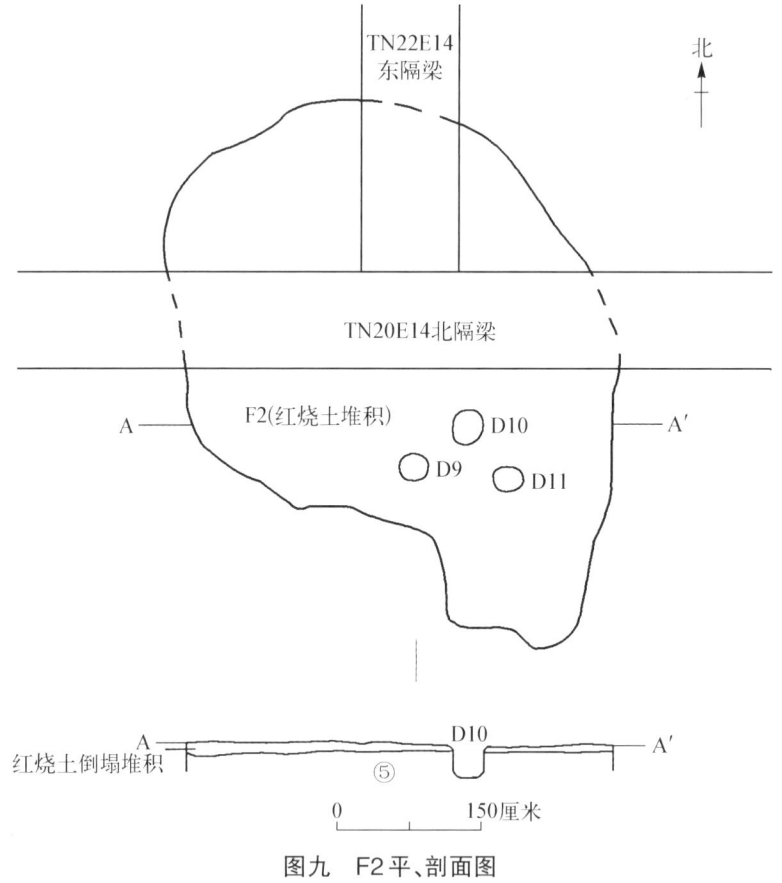

图九 F2平、剖面图

（三）F3

由红烧土倒塌堆积、红烧土平面、柱洞组成，位于北墩TN20E14西侧中部，整体呈南北走向。（图一〇；彩版六，2）

F3开口于第⑥层下。东侧边际被破坏。房址形状呈圆角长方形，长4.5、宽3.3米，面积约13平方米。厚约0.2米的倒塌堆积叠压于居住面上，居住面有两层：上层呈砖红色，为黏土烧结而成，一体性强，厚0.05米；下层为黑灰色未烧结黏土，厚0.07米。共发现柱洞8个，平均深度0.3米，柱洞同时打破倒塌堆积和原生居住面。推测该处房址在倒塌后于原址再构筑新的房屋，多次筑房。发掘过程中在相邻探方TN20E16⑦层发现木骨遗物，推测房址采用木骨泥墙的建造方式。F3东侧（TN20E14～TN20E22，TN20E18为地势最低处）呈凹坑状，推测为房址内居住者抛弃生活垃圾的场所。

屋内堆积有倒塌红烧土碎块、少量陶片，陶片以夹砂红陶为主，还有少量夹砂灰陶，另出土1件灰陶豆柄。

二、柱洞

三板桥遗址共发现柱洞16个，均位于房址内红烧土堆积中。因保存环境特殊，均未发现木

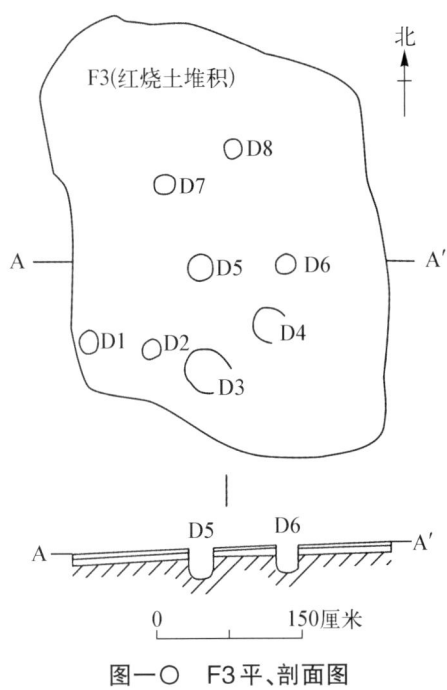

图一〇　F3平、剖面图

柱残留。柱洞形态基本为圆形。柱洞内无遗物,部分出少量碳粒。需说明的一点:因前期难以辨析柱洞性质,在发掘末期才对柱洞进行统一编号。

(一) D1

位于TN20E14探方F3西南侧,开口于第⑥层下。柱坑形状为近圆形,长径0.18、短径0.15、深0.2米。柱坑内填土为灰褐色土,较致密。

(二) D2

位于TN20E14探方F3西南侧,开口于第⑥层下。柱坑形状为近圆形,长径0.19、短径0.15、深0.3米。柱坑内填土为灰褐色土,较致密。

(三) D3

位于TN20E14探方F3南侧,开口于第⑥层下。柱坑形状为圆形,柱洞东南侧边际被破坏,直径0.45、深0.3米。柱坑内填土为灰褐色土,较致密,并含少量碳粒。

(四) D4

位于TN20E14探方F3东南侧,开口于第⑥层下。柱坑形状为圆形,柱洞东南侧边际被破坏,直径0.3、深0.3米。柱坑内填土为灰褐色土,较致密。

（五）D5

位于TN20E14探方F3中部，开口于第⑥层下。柱坑形状为圆形，直径0.2、深0.28米。柱坑内填土为灰褐色土，较致密。

（六）D6

位于TN20E14探方F3东侧，开口于第⑥层下。柱坑形状为圆形，直径0.18、深0.3米。柱坑内填土为灰褐色土，较致密。

（七）D7

位于TN20E14探方F3北侧偏西，开口于第⑥层下。柱坑形状为圆形，直径0.22、深0.26米。柱坑内填土为灰褐色土，较致密。

（八）D8

位于TN20E14探方F3东北侧，开口于第⑥层下。柱坑形状为圆形，直径0.2、深0.3米。柱坑内填土为灰褐色土，较致密。

（九）D9

位于TN20E14探方F2南侧，开口于第④层下。柱坑形状为圆形，直径0.35、深0.4米。柱坑内填土为灰褐色土，较致密。

（十）D10

位于TN20E14探方F2中部偏南，开口于第④层下。柱坑形状为圆形，直径0.38、深0.35米。柱坑内填土为灰褐色土，较致密。

（十一）D11

位于TN20E14探方F2东南侧，开口于第④层下。柱坑形状为圆形，直径0.4、深0.3米。柱坑内填土为灰褐色土，较致密。

（十二）D12

位于TN20E14探方F1西南侧，开口于第④层下。柱坑形状为圆形，直径0.2、深0.35米。柱坑内填土为灰褐色土，较致密。

（十三）D13

位于TN20E14探方F1西侧，开口于第④层下。柱坑形状为圆形，直径0.18、深0.4米。柱坑内填土为灰褐色土，较致密。

（十四）D14

位于TN20E14探方F1西北侧，开口于第④层下。柱坑形状为圆形，直径0.15、深0.2米。柱坑内填土为灰褐色土，较致密。

（十五）D15

位于TN20E14探方F1北侧，开口于第④层下。柱坑形状为圆形，直径0.15、深0.25米。柱坑内填土为灰褐色土，较致密。

（十六）D16

位于TN20E14探方F1东北侧，开口于第④层下。柱坑形状为圆形，直径0.18、深0.4米。柱坑内填土为灰褐色土，较致密。

三、灶

共发现2个，均不在房址内。

（一）Z1

位于北墩TN20E16西南角，开口于第⑥层下，打破第⑦层。由灶、火道组成。整体呈勺状，长0.8、宽0.4米，灶壁厚0.04~0.06米。火道与灶壁均为烧结红烧土，灶坑呈锅底状，灶内填黑灰色土，土质疏松，包含少量木炭粒、红烧土碎块。（图一一；彩版一一，2）

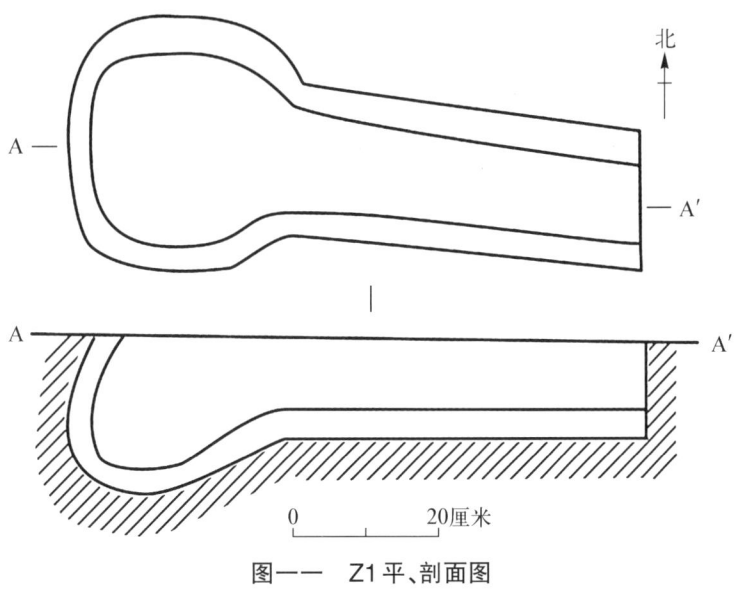

图一一　Z1平、剖面图

(二) Z2

位于北墩TN20E14东南部，开口于第⑥层下，打破第⑦层。部分主体位于探方东隔梁中，平面形状近圆形，直径0.4米，灶壁厚0.05～0.08米。灶壁分两层，熏黑碳化层覆盖于烧结红烧土层上。灶内填黑灰色土，土质较疏松，包含碳粒、红烧土碎块。（图一二）

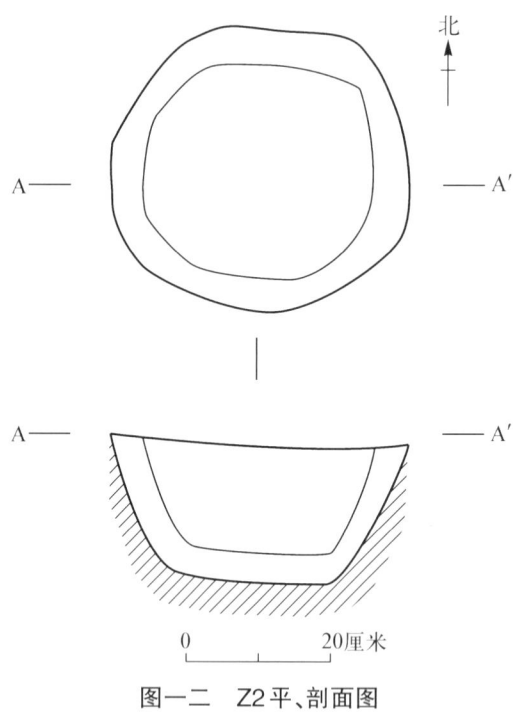

图一二　Z2平、剖面图

第三节　其他遗迹

主要有灰坑、坑、灰沟三类。

一、灰坑

三板桥遗址发掘过程中，除出土遗物的灰坑以外，亦有很多未见遗物出土的坑类遗迹，故将该类遗迹作为坑（K、H13～H29）处理。三板桥遗址共有11座灰坑。

(一) H1

位于TS04E20和TS05E20西侧，开口于第①层下。平面形状不规则，南北长7米，斜直壁，弧形平底，深0.7米。坑内填土呈灰黑色，土质松软，含少量红烧土块和炭屑。出土少量陶片，以夹砂灰陶为主，可辨器形为绳纹鬲。（图一三）

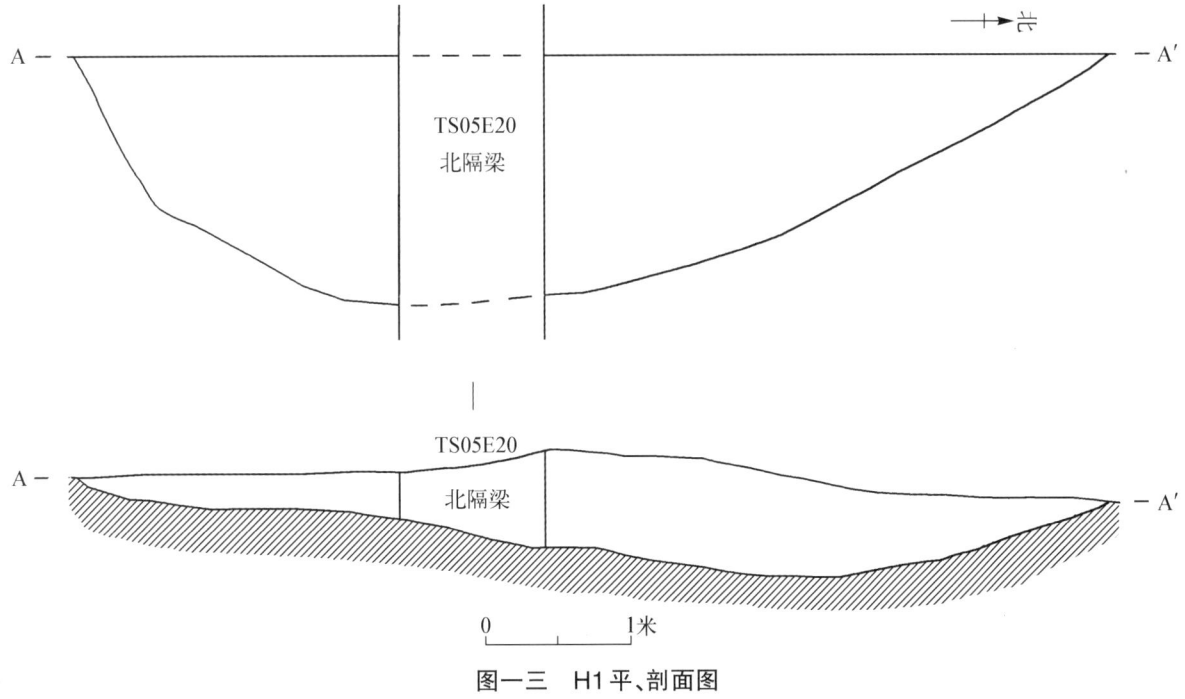

图一三　H1平、剖面图

（二）H2

位于TS05E25东南侧，开口于第①层下。平面形状为椭圆形，东西长2.8、南北宽1.3米，斜弧面壁，平底，深0.24米。坑内填土呈灰黑色，土质松软，含大量红烧土块和少量炭屑。出土少量陶片，可辨器形为绳纹鬲。（图一四；彩版八，1）

（三）H4

位于TS04E21东北侧，开口于第①层下。平面形状近椭圆形，南北长2、东西宽1米，斜弧面壁，平底，深0.14米。坑内填土呈灰黑色，土质较致密，含少量炭粒。出土少量陶片，以夹砂黑灰陶为主，可辨器形为绳纹鬲。（图一五）

（四）H5

位于TS04E20东南侧，开口于第①层下，被H6打破。平面形状为椭圆形，南北宽1.54米，斜直壁，弧面底，深0.55米。坑内填土呈灰黑色，土质松软，含少量炭粒。出土大量陶片，以夹砂红褐陶和夹砂灰陶为主，可辨器形为绳纹鬲。（图一六；彩版八，2）

（五）H6

位于TS04E20南侧中部，开口于第①层下，打破H5。平面形状为近圆形，东西长0.9、南北宽0.8米，斜弧面壁，平底，深0.4米。坑内填土呈灰黑色，土质松软，含少量炭粒和红烧土块。出土少量陶片，夹砂陶与泥质陶皆有，可辨器形为陶鬲。（图一七；彩版八，2）

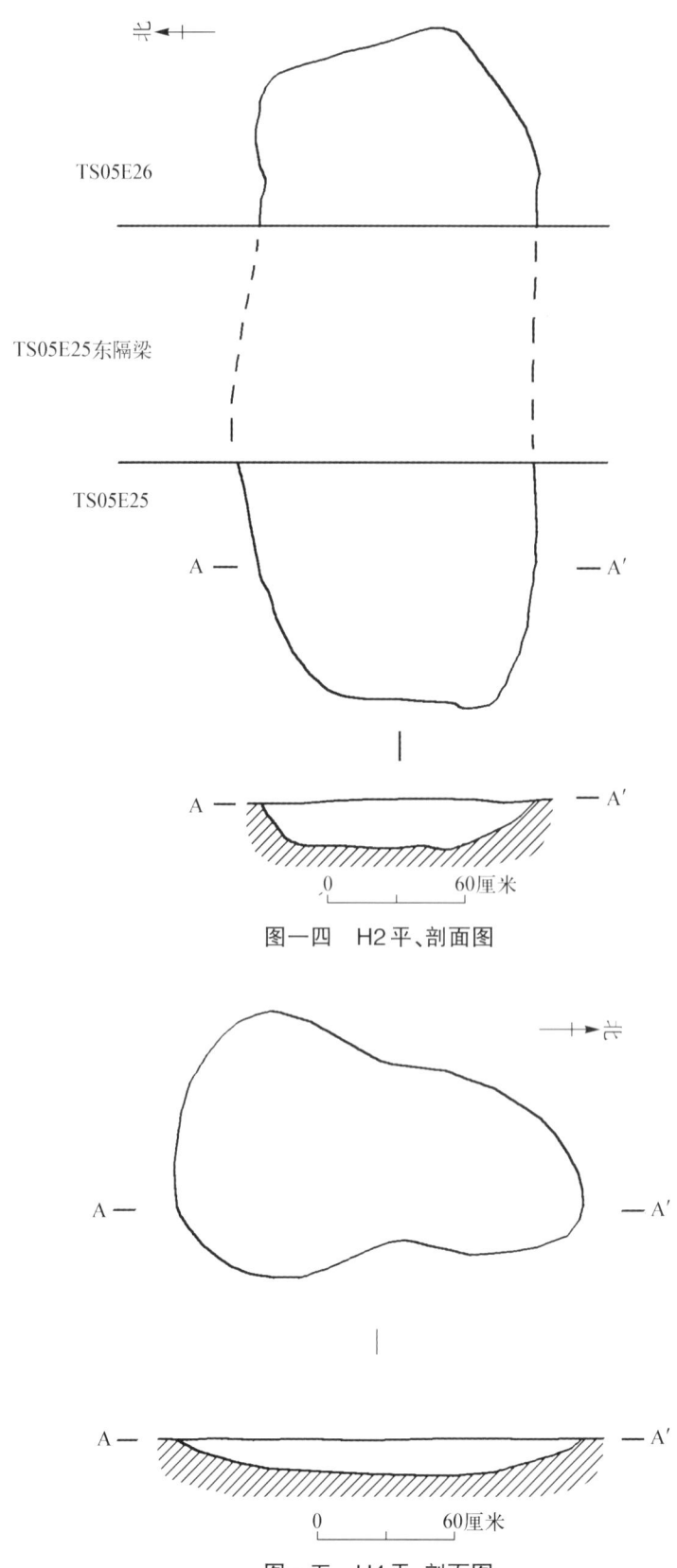

图一四　H2平、剖面图

图一五　H4平、剖面图

第三章 遗 迹

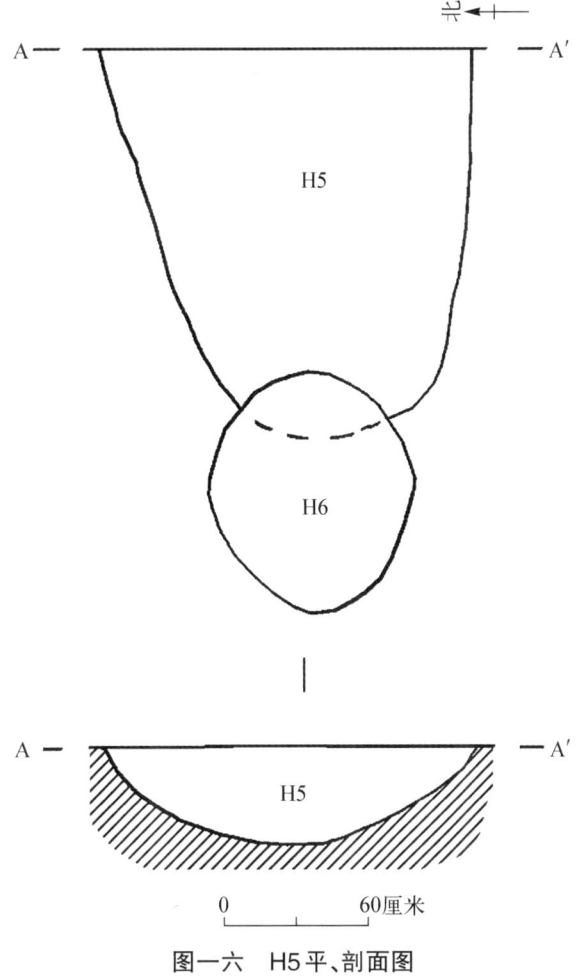

图一六 H5平、剖面图

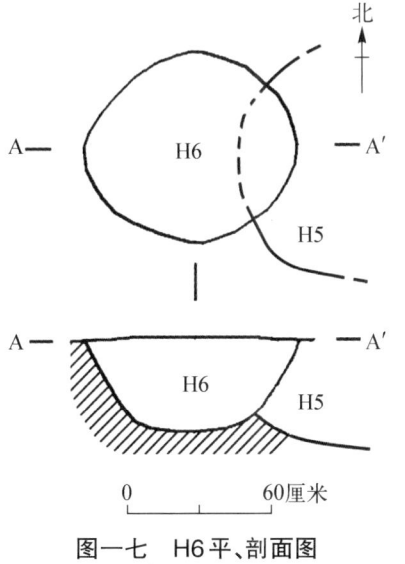

图一七 H6平、剖面图

（六）H7

位于TS04E20西南部，开口于第②层下。平面形状为椭圆形，长径0.96、短径0.86米，斜弧面壁，弧面底，深0.45米。坑内填土呈灰黑色，土质较松软，含少量炭粒和红烧土块。出土少量陶片，全部为夹砂陶，以灰黑陶为主。（图一八；彩版九，1）

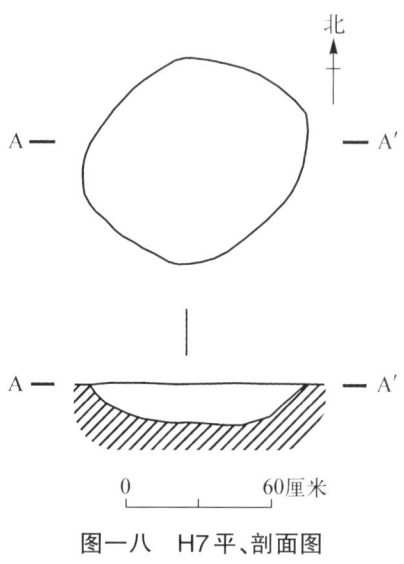

图一八 H7平、剖面图

（七）H8

位于TS04E20北侧，开口于第②层下。平面形状呈长条状，南北长1.9、东西宽1.3米，斜弧面壁，弧面底，深0.46米。坑内填土呈灰黑色，含少量炭粒和红烧土块。出土大量陶片，夹砂陶、泥质陶均有，以泥质黑灰陶为主，可辨器形为绳纹鬲。（图一九；彩版九，2）

（八）H9

位于TS04E25东北侧，开口于第③层下，打破生土。平面形状呈不规则形，南北长1.9米，弧面壁，弧面底，深0.48米。坑内填土呈黑灰色，土质较疏松，含大量红烧土碎块和少量炭粒。出土少量陶片，以夹砂陶为主，红褐色、黑灰色、灰色均有，可辨器形有弦断绳纹鬲。（图二〇；彩版一〇，1）

（九）H10

位于TN01E01东侧和TN01E02西侧，部分压在TN01E01东隔梁下，开口于第①层下。平面形状呈椭圆形，东西长5.5、南北宽1.5米，弧面壁，平底，深0.33米。坑内填土呈灰黑色，土质较疏松，含少量红烧土碎块和大量炭粒。出土大量陶片，以夹砂夹砂陶为主，红褐陶最多，黑灰陶次之，可辨器形有绳纹鬲。（图二一）

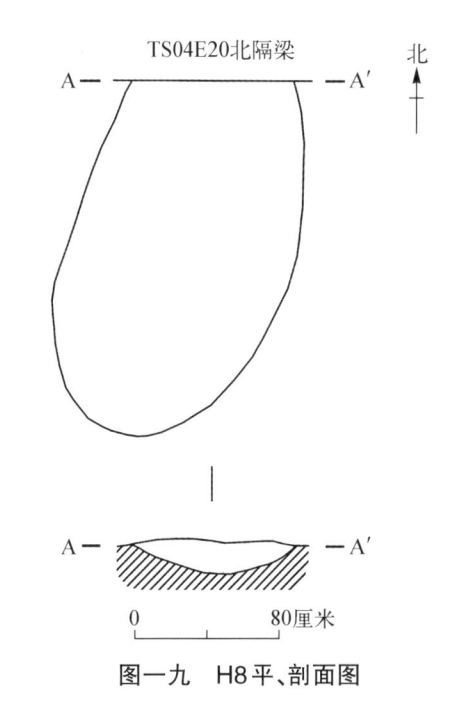

图一九　H8平、剖面图

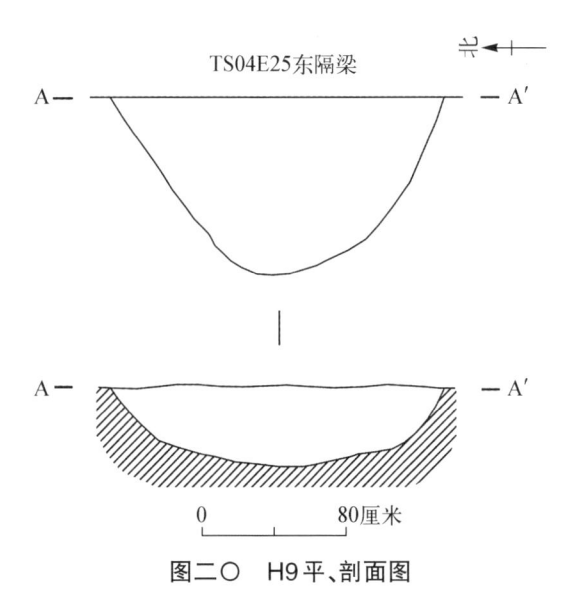

图二〇　H9平、剖面图

（十）H11

位于TN01E04东南侧，开口于第②层下。平面形状呈不规则形，东西长1.2、南北宽0.7米，斜弧面壁，平底，深0.5米。坑内填土呈灰黑色，土质较致密，含少量炭粒。出土少量陶片，以夹砂陶为主，红褐陶与灰黑陶均有，可辨器形有陶罐及陶鬲。（图二二；彩版一〇，2）

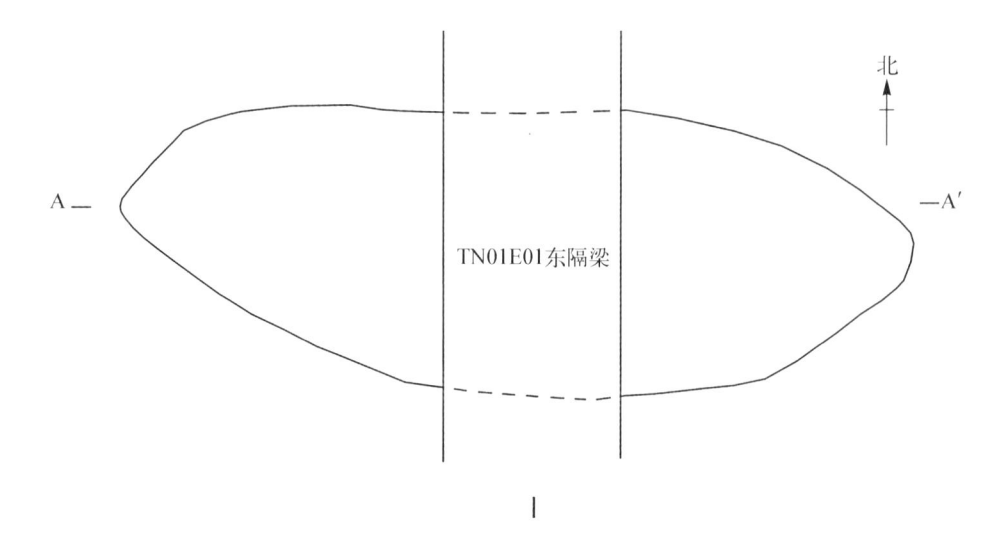

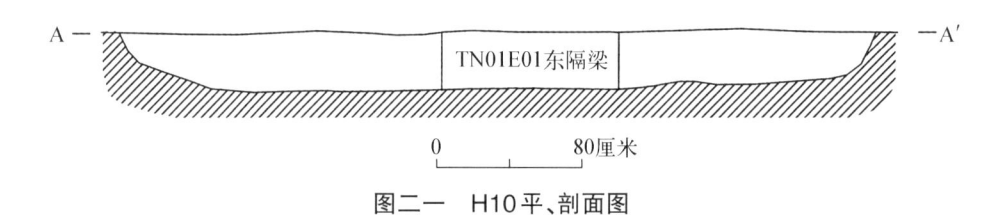

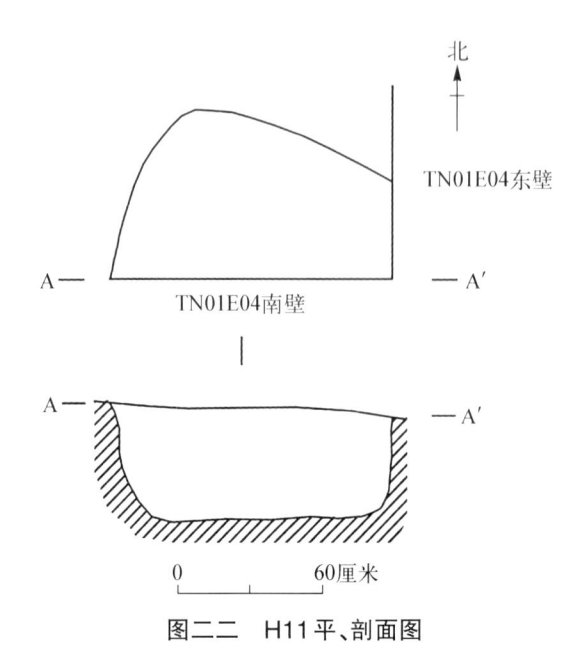

图二一 H10平、剖面图

图二二 H11平、剖面图

（十一）H12

位于TN01E04西北角和TN02E04西南角，开口于第③层下，打破G1。平面呈不规则形，TN02E04部分平面呈圆环形，东西长3.8、南北宽1.4米，弧面壁，平底，深0.33米。坑内填土呈灰黑色，土质较疏松，含少量炭粒。出土少量陶片，泥质陶、夹砂陶均有。（图二三；彩版一一，1）

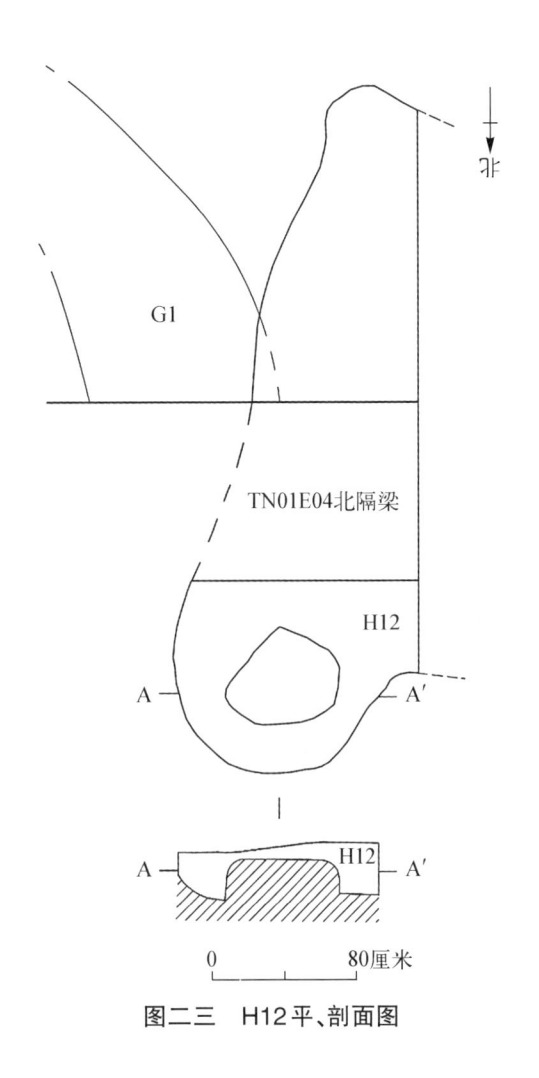

图二三 H12平、剖面图

二、坑

三板桥遗址共发现坑26座。各坑的位置、开口层位、形状、尺寸等数据均附于表中（表1），以供研究参考。

表1 三板桥遗址所见坑相关数据表

编 号	位 置	开口层位	形 状	尺寸（米）	填土	备注
TS04E25K1	探方东侧	第②层下	平面呈圆形，斜壁圜底	直径0.8，深0.4	黄褐色土	
TS05E26K2	探方西侧	第②层下	平面呈半椭圆形，斜壁圜底	长径1，短径0.36，深0.2	黄褐色土	
TS05E24K3	探方东南角	第②层下	平面呈不规则形，斜壁平底	长1.8，宽1，深0.28	黄褐色土	
TN20E03K4	探方北侧	第②层下	平面呈不规则形，斜壁平底	长3.5，宽1.6，深0.3	灰褐色土	
TN02E02K5	探方东南角	第②层下	平面呈不规则形，斜壁圜底	长1.4，宽0.8，深0.3	灰褐色土	
TN06E05K6	探方西南角	第②层下	平面呈不规则形，斜壁平底	长1.3，宽1.1，深0.25	灰褐色土	
TN21E20K7	探方东侧	第④层下	平面呈圆形，斜壁圜底	直径0.3，深0.27	灰褐色土	
TN23E14K8	探方南侧	第④层下	平面呈不规则形，斜壁平底	长2.5，宽1，深0.4	灰褐色土	
TN22E18K9	探方西南角	第②层下	平面呈不规则形，斜壁圜底	长1.4，宽1.2，深0.26	灰褐色土	
TS05E21H13	探方北侧	第②层下	平面近长方形，斜壁平底	长4，宽2.1，深0.2	黄褐色土	
TS05E22H14	探方东南角	第②层下	平面呈不规则形，斜壁圜底	长1.5，宽0.8，深0.3	黄褐色土	
TS05E23H15	探方东北角	第②层下	平面近长方形，斜壁平底	长1.9，宽0.9，深0.22	黄褐色土	
TN02E02H16	探方南侧	第②层下	平面呈半椭圆形，斜壁圜底	长2.2，宽0.7，深0.35	黄褐色土	
TN01E01H17	探方中部偏西	第②层下	平面呈圆形，斜壁圜底	直径0.9，深0.4	黄褐色土	
TN02E06H18	探方北侧	第②层下	平面呈不规则形，斜壁圜底	长1.8，宽1.1，深0.4	黄褐色土	
TN02E06H19	探方西北角	第②层下	平面呈不规则形，斜壁平底	长0.8，宽0.7，深0.2	黄褐色土	

续表

编　号	位　置	开口层位	形　状	尺寸（米）	填土	备注
TN05E04H20	探方北侧	第②层下	平面呈不规则形,斜壁平底	长4,宽1.3,深0.2	黄褐色土	
TN05E06H21	探方西北部	第④层下	平面呈不规则形,斜壁圜底	长2.3,宽1.1,深0.32	黄褐色土	
TN06E06H22	探方东北角	第④层下	平面呈不规则形,斜壁圜底	长1.8,宽0.9,深0.4	黄褐色土	
TN06E05H23	探方南侧	第②层下	平面近椭圆形,斜壁平底	长0.9,宽0.8,深0.28	黄褐色土	
TN21E21H24	探方西北角	第④层下	平面呈不规则形,斜壁圜底	长1.1,宽0.7,深0.19	灰褐色土	
TN22E20H25	探方西北部	第②层下	平面近圆形,斜壁圜底	直径0.8,深0.4	黄褐色土	
TN22E20H26	探方西北部	第④层下	平面近圆形,斜壁圜底	直径0.9,深0.2	灰褐色土	
TN22E16H27	探方东北角	第②层下	平面呈不规则形,斜壁平底	长2.2,宽2,深0.5	黄褐色土	
TN22E18H28	探方东南部	第④层下	平面呈不规则形,斜壁平底	长2,宽1.75,深0.2	灰褐色土	
TN22E16H29	探方南部	第②层下	平面近圆形,斜壁平底	直径2.7,深0.48	黄褐色土	

三、灰沟

三板桥遗址共发现灰沟两条，分别位于遗址西墩台地南侧及北墩台地东侧，根据位置推测为排水沟。

1. G1

位于TN01E04北侧，开口于第③层下，被H12打破。平面呈条形，长4、宽0.9米，直弧面壁，平底，深0.75米。沟内填土呈灰黑色，土质较疏松，含少量炭粒。出土少量陶片，以夹砂陶为主，红褐陶与灰黑陶均有，可辨器形有陶罐和绳纹鬲。（图二四；彩版七，1）

2. G2

位于TN22E22北侧，开口于第⑥层下。平面呈条形，长3.1、宽0.8米，弧面壁，圜底，深0.1～0.5米。沟内填土呈灰黑色，土质较疏松，含少量碳粒。出土少量陶片，红褐陶及黑灰陶均有，可辨器形有鼎足及鬲足。（图二五；彩版七，2）

图二四　G1平、剖面图

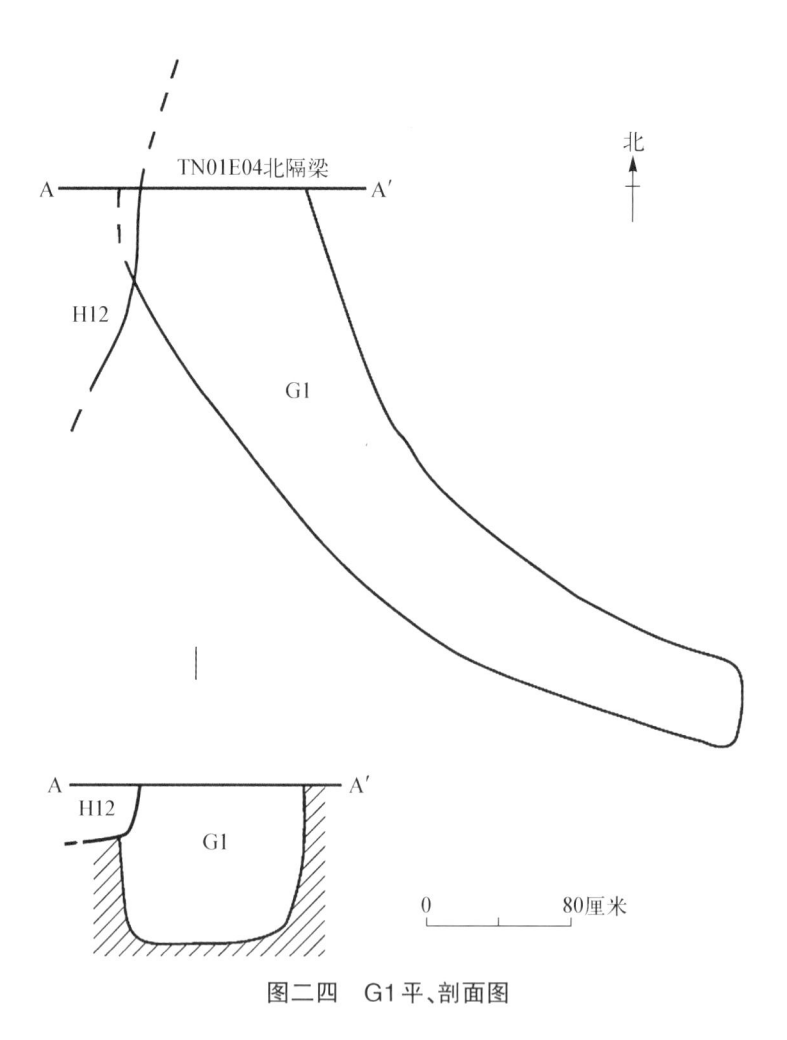

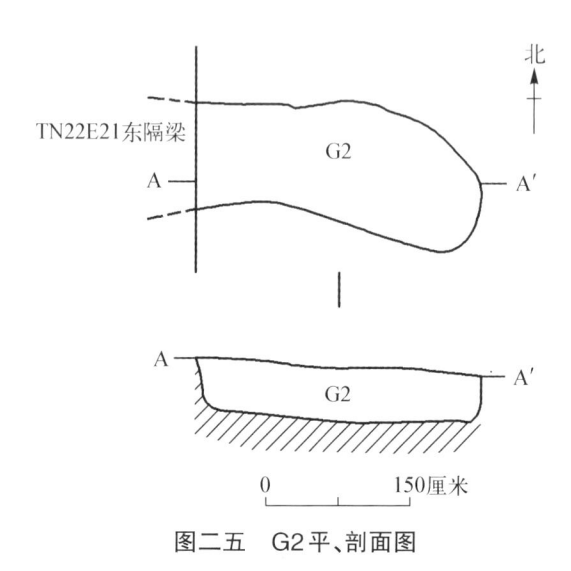

图二五　G2平、剖面图

第四章 遗 物

三板桥遗址出土遗物按照质地可分为陶器、石器和铜器三大类。其中以陶器为大宗，石器次之，铜器数量偏少，另有大量动物骨骼和植物标本出土。遗址出土遗物种类丰富，足以窥得此地古代居民的生活、生产方式。

第一节 史前时期遗物

三板桥遗址地层的年代依照"地层中年代最晚遗物确定地层年代"规律，并结合碳十四测年结果，分为早、晚两期。但值得注意的是：在部分西周晚期地层中，发现了一些具有史前时期特征的遗物，此类遗物年代早至商时期，乃至新石器时代晚期。如：假腹豆残片与铜陵师姑墩中期假腹豆T37⑨:6[1]形制类似，年代为中商时期；Aa型正装宽扁鼎足与禹会村遗址早期鼎足JSK4:8[2]、城都遗址T1②:6[3]等类似，年代为新石器时代晚期；B型侧装鼎足与禹会村遗址鼎足JSK②:13[4]、尉迟寺遗址鼎足H133:1[5]、青莲寺二期A型鼎足T2⑦:68[6]等形制类似，年代为新石器时代晚期；鸭形壶TN21E16⑥:1与马桥遗址IITD101:16[7]等形制类似，年代为新石器时代晚期。在此单独介绍。

黑陶管状器 1件。

TN21E21⑥:1，泥质黑陶。细长管状，器壁极薄，有凸起竹节状转折。素面。残高12.9厘米。（图二六，1；彩版一三，1）

---

[1] 安徽省文物考古研究所：《安徽铜陵县师姑墩遗址发掘简报》，《考古》2013年第6期。
[2] 中国社会科学院考古研究所、安徽省蚌埠市博物馆：《蚌埠禹会村》，科学出版社，2013年。
[3] 北京大学考古学系商周组、安徽省文物工作队：《安徽省霍邱、六安、寿县考古调查试掘报告》，《考古学研究（三）》，科学出版社，1997年。
[4] 中国社会科学院考古研究所、安徽省蚌埠市博物馆：《蚌埠禹会村》，科学出版社，2013年。
[5] 中国社会科学院考古研究所：《蒙城尉迟寺——皖北新石器时代聚落遗存的发掘与研究》，科学出版社，2001年。
[6] 北京大学考古学系商周组、安徽省文物工作队：《安徽省霍邱、六安、寿县考古调查试掘报告》，《考古学研究（三）》，科学出版社，1997年。
[7] 上海市文物管理委员会：《马桥1993年—1997年发掘报告》，上海书画出版社，2002年。

图二六 史前时期遗物之一

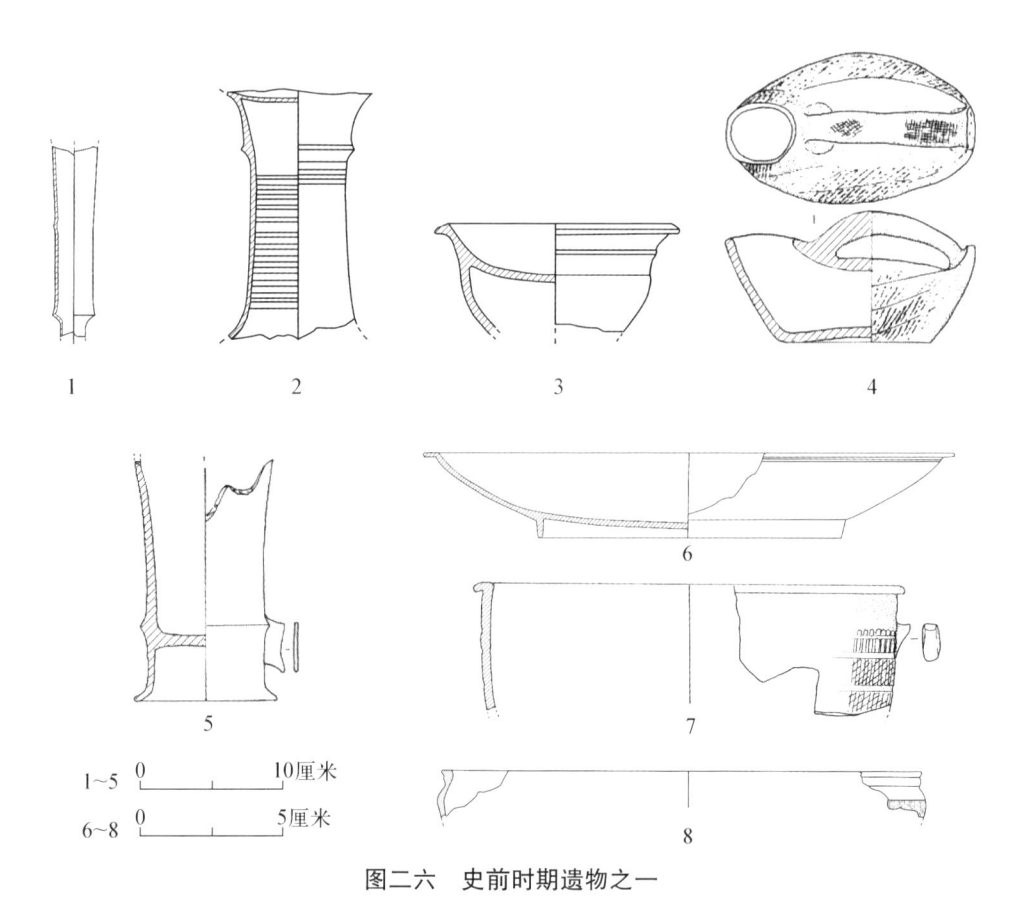

1. TN21E21⑥:1 2. TN23E14⑦:1 3. TN01E04③:3 4. TN21E16⑥:1 5. TN21E21⑥:2
6. TN01E04③:4 7. TN21E21⑥:7 8. TN20E18③:9

黑陶豆柄 1件。

TN23E14⑦:1。泥质黑陶。豆盘残缺，豆柄上部饰三道凸棱，上窄下宽，圈足残缺。残高16.5厘米。（图二六,2；彩版一三,2）

假腹豆残片 1件。

TN01E04③:3，泥质灰陶。圆唇、宽折沿至与器身垂直，弧腹，器腹部浅，下部残缺。颈部饰两道凹弦纹。口径16.7、残高7.5厘米。（图二六,3；彩版一三,3）

鸭形壶 1件。

TN21E16⑥:1，夹砂灰陶。小口且短，口下向一侧斜出似鸭腹，尾部上翘近似直立，口下与尾部相连为一扁条状执手，平底，器腹较深。把手上饰有两种斜向绳纹，器身饰斜向间断绳纹，于腹部有两圈间断。底部、把手背部、尾部与把手下方器身均素面，纹饰被抹平。器长17、宽10、残高9厘米。（图二六,4；彩版一三,4）

红陶杯 1件。

TN21E21⑥:2，夹砂红陶。上部残缺，底部圈足外侈，于底部3.5厘米处有一圈凸起，其下有一梯形扉棱，器物通体素面，可见密集轮痕。残高16.1厘米。（图二六,5；彩版一三,5）

圈足盘 1件。

TN01E04③：4，泥质黑皮陶，陶胎红色。圆唇，敞口，卷沿。颈部内凹，弧腹，矮圈足。口径72、器高11.2厘米。（图二六，6）

陶缸 2件，均残。

TN21E21⑥：7，夹砂灰陶。圆唇，平口，折沿垂直于器身，直腹，下腹残缺。颈部一圈凸起弦纹，有轮制痕迹。颈部以下饰竖向粗绳纹，并以多道凹弦纹间断，颈部以下饰一三角形凸钮，凸钮垂直于器身。残高17厘米。（图二六，7）

TN20E18③：9，泥质黑衣陶，红色陶胎。宽口沿，口沿上有凸棱，器身饰附加堆纹，堆纹上竖向凹窝，凹窝内饰绳纹，器壁直。口径65、残高6.1厘米。（图二六，8）

鼎足 14件，依据装配型式分为两型。

A型 7件。正装鼎足。

TN23E21⑦：6，夹砂红陶。宽扁形鼎足，足跟残缺，鼎足外侧饰三道竖向刻槽。残高10厘米。（图二七，1）

TN23E21⑥：5，夹砂黑皮陶，红色陶胎。宽扁形鼎足，根部略有残缺，外侧饰一道竖向刻槽。残高8.6厘米。（图二七，2）

TN20E21⑥：1，夹砂灰陶。宽扁形鼎足，足跟残缺，鼎足外侧饰三道竖向刻槽。残高9.8厘米。（图二七，3）

TN21E22④：8，夹砂红陶。宽扁状呈长方形，足外侧两道较宽较深刻槽。残高13厘米。（图二七，4）

TN20E18⑦：40，夹砂红陶。扁状长方形鼎足，足跟部残缺。外侧一斜向刻槽。残高6厘米。（图二七，5）

TN20E21⑥：1，夹砂红陶。扁状长方形鼎足，足跟部残缺。外侧饰五条竖向刻槽。残高8厘米。（图二七，6）

TN21E21⑥：5，夹砂灰陶。柱状鼎足，横截面呈方形，足跟部残缺。鼎足外侧有一竖向刻槽。残高5.5厘米。（图二七，7）

B型 7件。侧装鼎足。

TN23E21⑦：4，夹砂红陶。宽扁状，上宽下窄，平面呈三角形，足跟部呈锥状。素面。残高15.2厘米。（图二七，8）

TN20E21⑥：5，夹砂红陶。宽扁状，上宽下窄，平面呈三角形，足跟部呈锥状。素面。残高11厘米。（图二七，9）

TN20E21⑥：4，夹砂红陶。宽扁形鼎足，根部残缺。无纹饰无刻槽。残高9.6厘米。（图二七，10）

TN20E18⑥：15，夹砂红陶。扁状三角形，上宽下窄，足顶部有一按窝。无纹饰。残高9.5厘米。（图二七，11）

TN21E20④：3，夹砂灰陶。宽扁形鼎足，根部残缺，内外侧均饰有六道浅竖向刻槽，残高10.2

图二七　史前时期遗物之二

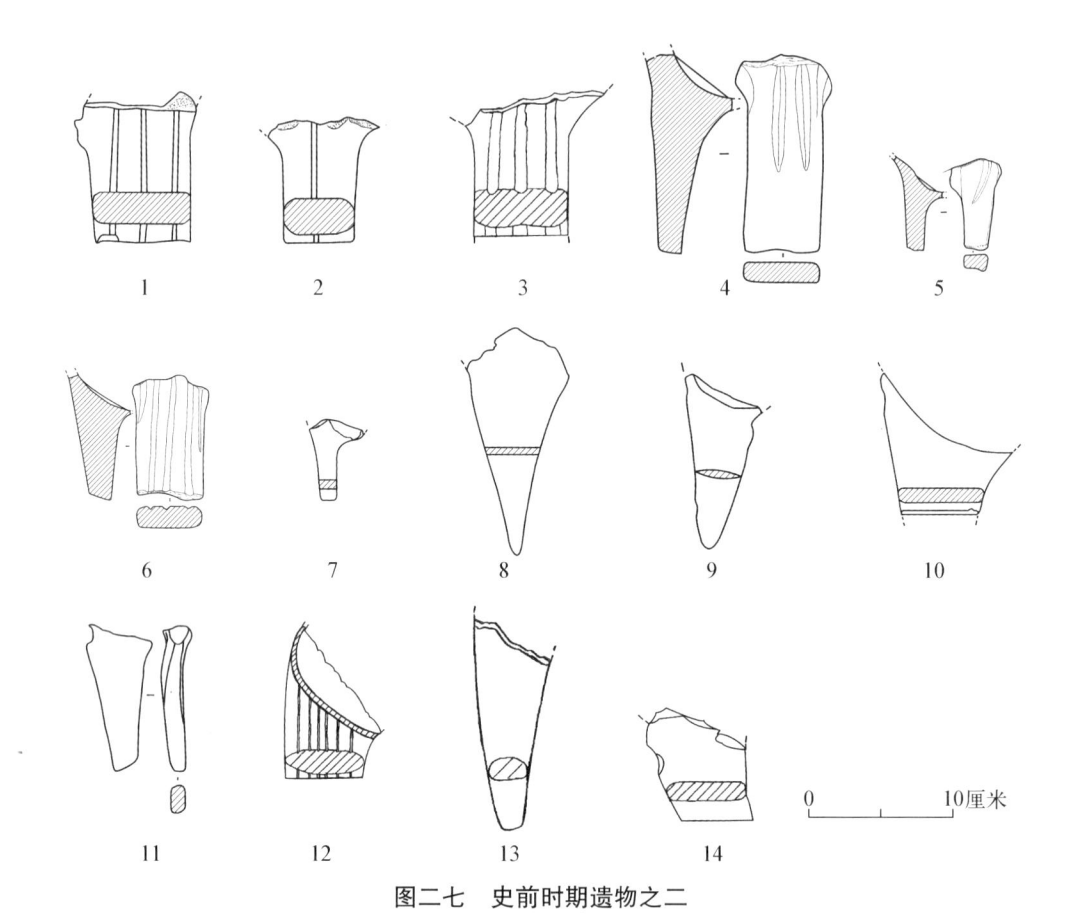

1. TN23E21⑦:6　2. TN23E21⑥:5　3. TN20E21⑥:1　4. TN21E22④:8　5. TN20E18⑦:40　6. TN20E21⑥:1
7. TN21E21⑥:5　8. TN23E21⑦:4　9. TN20E21⑥:5　10. TN20E21⑥:4　11. TN20E18⑥:15　12. TN21E20④:3
13. TN22E14④:4　14. TN22E14④:3

厘米。(图二七,12)

TN22E14④:4,夹砂灰陶。扁状三角形高鼎足。残高14厘米。(图二七,13)

TN22E14④:3,夹砂红陶。扁状鼎足,鼎足上部外侧有一按窝,鼎足跟残缺。残高7.5厘米。(图二七,14)

第二节　周代遗物

一、陶器

三板桥遗址出土周代遗物中陶器数量较多,生活容器以鬲、豆、钵、罐、盉、甗、盆、器盖为主;生产工具有纺轮、网坠;制陶工具有陶拍;并有坩埚等冶铸工具。

陶容器以夹砂陶居多,泥质陶亦有一定比例但偏少,且有少量原始瓷和印纹硬陶。陶色以红褐陶和灰黑陶为主,其次是灰陶,另有少量黑衣红陶。纹饰以绳纹为最大宗,绳纹又分为通体绳纹、轮压间断绳纹、弦断绳纹、交错绳纹等，另有附加堆纹、弦纹、方格纹、方格填线纹等。陶纺轮多为泥质陶，均为素面；网坠仅有一例，为夹砂红陶。陶拍同样仅见一例，为绳纹陶拍。坩埚由黏土制成，内层烧结坚硬，外层部分脱落。

1. 陶质、陶色

以TN20E19为例，根据探方各层出土陶片的统计，生活容器以夹砂陶占据绝大部分，泥质陶数量相对较少，另有少数几片印纹硬陶片。其中夹砂红褐陶占38.7%，夹砂黑陶占27.9%，夹砂灰陶占14.8%；泥质陶中泥质灰陶数量最多，占7.4%，泥质红陶占6%，泥质黑陶占5.2%。（详细数据见表2）

表2　TN20E19出土陶片陶质、陶色统计表　　　　（单位：件）

地层＼陶片	夹砂红褐陶	夹砂黑陶	夹砂灰陶	泥质灰陶	泥质红陶	泥质黑陶
第②层	47	44	32	18	11	16
第③层	284	204	100	33	32	23
第④层	126	70	32	43	21	16
第⑤层	100	89	32	17	18	17
第⑥层	41	25	33	3	10	9
合计	598	432	229	114	92	81
百分比（%）	38.7	27.9	14.8	7.4	6	5.2

陶容器中，夹砂红褐陶多见于鬲、罐、器盖等器类中，夹砂黑陶多见于鬲，夹砂灰陶、泥质灰陶多见于豆，印纹硬陶和原始瓷均见于豆中，泥质红陶多见于钵、盏、器盖中，器盖中还有一类为黑衣红陶，另有一类泥质黑陶鬲和盏，体型较小。

2. 纹饰

以TN20E19为例，根据探方各层陶片的纹饰统计，陶器纹饰以绳纹居多，占48.7%，间断绳纹占20.2%、素面占17%、弦纹占7%，指窝纹、附加堆纹、刻划纹等纹饰均有所见，但数量偏少。（具体数据详见表3，表中仅列统计部分）

表3　TN20E19出土陶片纹饰统计表　　　　（单位：件）

	绳纹	素面	弦纹	间断绳纹	指窝纹	刻划纹	附加堆纹
第②层	86	33	14	21	5	6	3
第③层	266	146	49	166	21	17	11
第④层	166	42	17	66	6	5	6

	绳纹	素面	弦纹	间断绳纹	指窝纹	刻划纹	附加堆纹
第⑤层	157	37	19	45	5	3	7
第⑥层	78	9	10	14	4	3	3
合计	753	267	109	312	41	34	30
百分比（%）	48.7	17	7	20.2	2.7	2.2	1.9

绳纹主要见于陶鬲、罐、钵、盂、瓮、器盖等器物中。其中陶鬲所施绳纹可分为粗绳纹和细绳纹，区别明显，但均在肩腹部多有几处抹断，由弦纹间断或手指抹断。素面多见于豆、钵、器盖等器物中。弦纹多饰于豆和器盖上，陶鬲肩部也有弦纹装饰，形成组合纹饰。附加堆纹主要见于陶鬲和罐，在肩部施一圈泥条堆筑，具有加固器体作用。刻划纹多见于罐和钵两器类上。印纹硬陶纹饰主要有方格填线纹、云雷纹等。（图二八）

3. 制法

陶器制法主要为轮制法，器型规整，肩部和口部均可见细密轮修痕。另有部分器类部件由单独捏制后拼合而成，耳部及把手均为此类方法制作。陶鬲足跟多经过削整，少数大型陶鬲肩部另有附加泥条，便于搬移和加固器物。

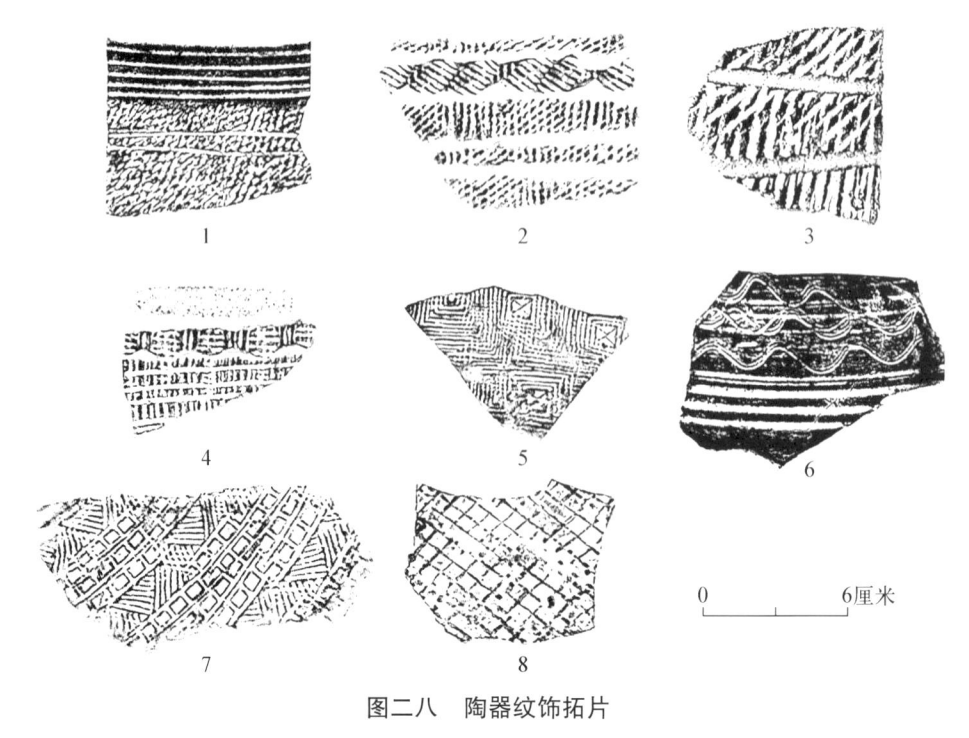

图二八　陶器纹饰拓片
1. 弦纹、弦断细绳纹（TN20E18⑦∶14）　2、4. 附加堆纹、轮压间断绳纹（TN19E20④∶3、TN19E20④∶2）
3. 轮压间断交叉粗绳纹（TN21E21④∶9）　5. 方格填线纹（TN22E20③b∶9）　6. 水波纹、弦纹（TN21E14F3∶4）
7. 组合型纹饰（TN21E17③∶16）　8. 方格纹（TN20E18③b∶13）

4. 器类介绍

鬲 型式可辨者有26件，依据肩部形态可分为五型。

A型 13件，弧肩鬲。

TN20E14④：1，泥质红陶。器物底部呈现黑色，疑似火烤痕迹。侈口、圆唇、卷沿、弧腹、矮裆、锥状实足。自颈部下遍施竖向绳纹。口径11.5、腹径14.9、高12.1厘米。（图二九，1；彩版一四，1）

TN20E19④：4，夹砂红陶。尖圆唇，卷沿，侈口，弧腹，裆部较高，锥状实足。器身施竖向弦断绳纹，于腹部饰弦纹使绳纹间断。口径13.5、腹径15、高10.5厘米。（图二九，2；彩版一四，2）

TN23E20④：1，夹砂红陶，器身均有黑色沉积。斜方唇，卷沿，侈口，颈部内凹，到腹部凸起，弧腹，裆较矮，足跟部缺失，实足跟较矮。器身自凸起以下饰竖向绳纹。口径15.5、残高13.3厘米。（图二九，3；彩版一四，3）

TN22E16④：2，器身为夹砂灰陶，足跟部为夹砂红陶。口沿微侈，斜方唇，高卷沿，腹部偏直，腹部较大，足跟较高，柱状实足。器表饰竖向间断绳纹，肩部绳纹被轮压间断。口径18、高19.8厘米。（图二九，4）

TN20E19⑥：1，泥质黑陶。侈口偏直，折沿，斜方唇，腹部微弧，足部呈乳袋状，实足较短。器表饰竖向绳纹，在腹部有一圈条带状痕迹抹去绳纹。口径17.6、腹径17、高13.5厘米。（图二九，5；彩版一四，4）

TN21E20④：1，夹砂黑陶，足跟部为夹砂红陶。尖圆唇，低折沿，侈口，颈部略微凹陷，可见细密轮修痕，弧腹，腹部较浅，足部残缺。腹部及以下饰竖向弦断绳纹，颈部下方有一道弦纹，足上方有两道轮压痕迹。口径21、腹径21.8、高16厘米。（图二九，6；彩版一四，5）

TN23E20④：3，夹砂红陶，表面有黑色沉积。侈口，斜方唇，折沿，腹部微鼓，裆部较高，足跟部缺失，实足跟较矮。器壁饰间断竖向绳纹，于肩部有一圈间断。残高9.5厘米。（图二九，7；彩版一四，6）

TN20E19④：1，夹砂灰陶。侈口偏长，卷沿，圆唇，腹部微鼓，器腹较深，足跟部缺失，实足跟较短。颈部饰细密弦纹，器表其余部位饰间断竖向绳纹，于腹部有一圈间断。口径17.8、腹径20.1、高18厘米。（图二九，8；彩版一五，1）

TN20E20③：1，夹砂红褐陶。侈口，圆唇，高卷沿，腹部微弧较深，裆部较矮，足跟部残缺。器身自肩部以下饰斜向间断绳纹，于肩、腹和足部上方有三圈间断。口径16.6、腹径15.5、残高10.2厘米。（图二九，9）

TN06E06④：1，夹砂黑陶，足跟部为夹砂红陶。尖唇，低折沿，侈口，腹部微鼓，锥状实足，实足较长。腹部及以下通饰竖向弦断绳纹，足部上方饰弦纹。口径12、腹径11、高9.5厘米。（图二九，10；彩版一五，2）

TN21E15③：2，夹砂红褐陶，器表黑衣部分脱落。侈口，斜方唇，高卷沿，腹部微鼓，裆部较低、腹部深，实足跟略有缺失。器表自肩至足饰竖向绳纹。口径19.7、腹径23.5、高19.8厘米。（图

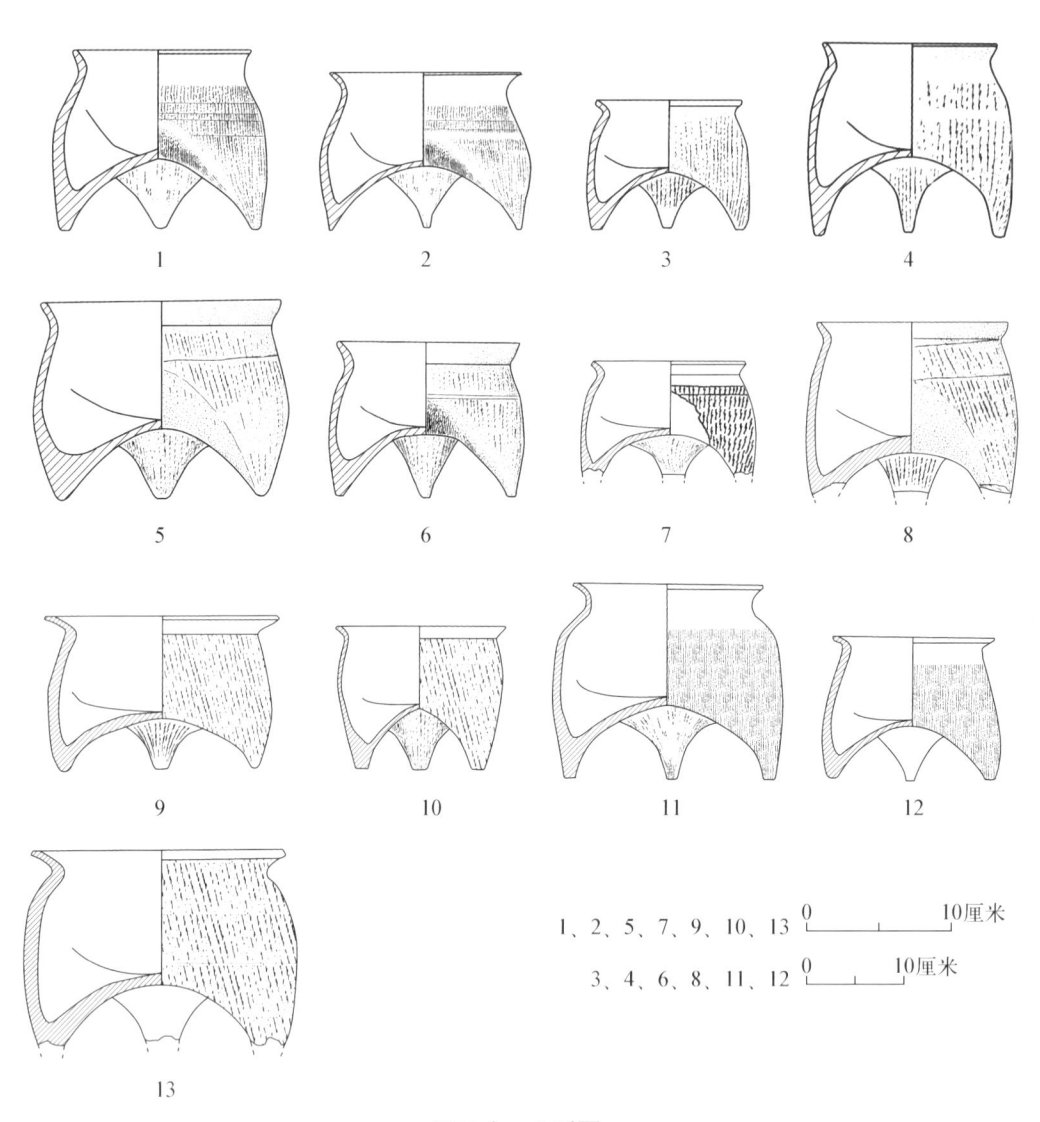

图二九　A型鬲

1. TN20E14④:1　2. TN20E19④:4　3. TN23E20④:1　4. TN22E16④:2　5. TN20E19⑥:1　6. TN21E20④:1
7. TN23E20④:3　8. TN20E19④:1　9. TN20E20③:1　10. TN06E06④:1　11. TN21E15③:2
12. TN21E15②:2　13. TN22E18④:3

二九,11)

TN21E15②:2,夹砂红褐陶。侈口,折沿,方唇较宽,腹部较深、微弧,裆部微高,柱状实足跟。颈部可见细密轮痕,器表遍饰竖向绳纹。口径16.6、腹径17.7、高14.8厘米。(图二九,12;彩版一五,3)

TN22E18④:3,夹砂灰陶,外饰黑色。方唇,卷沿,侈口,颈部有细密轮痕,腹微鼓,足跟残缺,实足较短。通体绳纹,腹部以多道弦纹间隔。残高13厘米。(图二九,13)

B型　5件。圆肩鬲。

TN21E15③:1,器身为夹砂灰黑陶,足跟部为夹砂红褐陶。侈口,折沿微斜,圆唇,器腹较宽，裆部较高，柱状实足。器表饰竖向绳纹直至足跟，有间断，领部绳纹被抹平，可见残余。腹部饰一圈附加堆纹，堆纹上按压成竖向凹窝，凹窝内饰横向绳纹。口径21.1、腹径26.3、高20厘米。（图三〇，1；彩版一五，4）

TN20E19④：3，夹砂红褐陶。侈口，方唇外斜，短折沿，颈部内凹，腹部微鼓，腹部较深，足跟部缺失。器表饰弦断竖向绳纹，于肩、腹部有四圈弦纹，足部有斜向绳纹与竖向绳纹交错形成的交错绳纹。口径17.9、腹径20.1、残高15.6厘米。（图三〇，2；彩版一五，5）

TN21E18⑥：2，泥质黑陶。斜方唇，折沿外侈，腹部微鼓，裆部较矮。通体素面无纹饰。口径12.1、残高9.1厘米。（图三〇，3）

TN20E18⑥：2，夹砂黑陶。足跟部为夹砂红陶。斜方唇，折沿，侈口，颈部略微凹陷。弧腹，腹部较深，足跟部残缺。腹部及以下饰竖向弦断绳纹，颈部下方饰弦纹，足跟部有斜向绳纹形成交错绳纹。口径18.2、腹径19.5、高15厘米。（图三〇，4；彩版一五，6）

TN23E14③：1。泥质红陶。圆唇，低折沿，侈口，颈部可见细密轮修痕。鼓腹，锥状实足，实足较短。腹部及以下饰竖向弦断绳纹，颈部下方饰一道弦纹。口径15、腹径18、高13厘米。（图

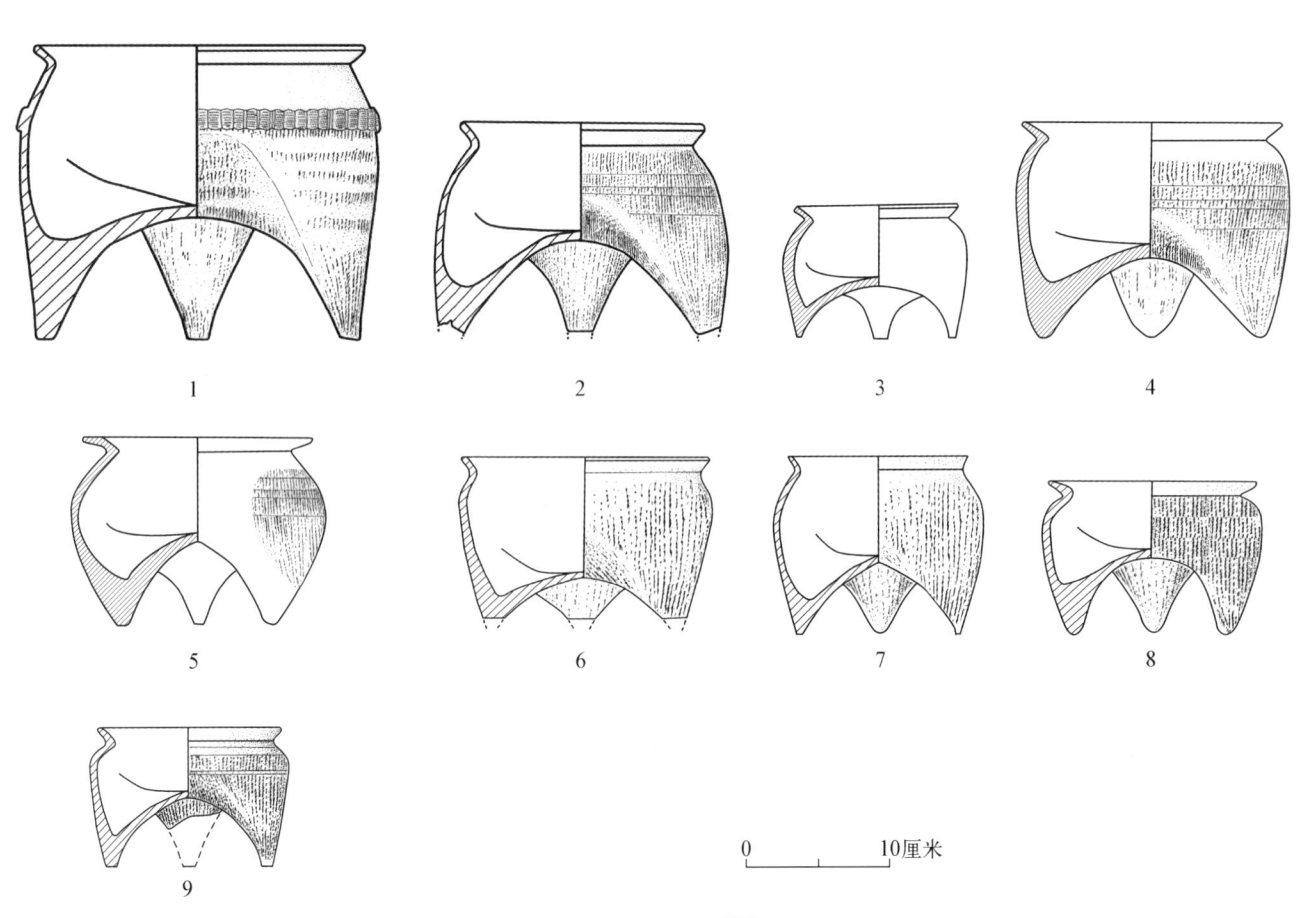

图三〇　B、C型鬲

1. TN21E15③：1　2. TN20E19④：3　3. TN21E18⑥：2　4. TN20E18⑥：2　5. TN23E14③：1　6. TN20E18⑦：10
7. TN22E20③：1　8. TN20E21②：1　9. TN20E18⑦：5

三〇,5;彩版一六,1)

C型 4件。鼓肩鬲。

TN20E18⑦:10,泥质黑陶。侈口,斜方唇,卷沿,鼓腹,腹部较深,矮裆,足部残缺。口沿施有一圈弦纹,器身饰竖向绳纹。口径16.8、腹径17.9、残高10.5厘米。(图三〇,6;彩版一六,2)

TN22E20③:1,夹砂红褐陶,器身施黑色,器足呈红色。方唇偏斜,短折沿,侈口,深腹,腹部外鼓,裆部较高,锥状实足。腹部及以下通饰竖向绳纹。口径12.5、腹径15、高12厘米。(图三〇,7;彩版一六,3)

TN20E21②:1,夹砂黑陶,足根部为夹砂红陶。侈口,尖唇,低折沿,鼓腹,腹部较浅,尖锥状实足。足饰竖向绳纹。口径14、腹径15.8、高10.5厘米。(图三〇,8;彩版一六,4)

TN20E18⑦:5,泥质黑陶。体型较小,短侈口,折沿,斜方唇,颈部微内凹,鼓腹,裆部较高,柱状实足。肩部和颈部饰弦纹,腹部饰弦断绳纹,足部饰绳纹。口径12.6、腹径13.5、高9.5厘米。(图三〇,9;彩版一六,5)

D型 3件。折肩鬲。

TN22E18④:4,夹砂黑陶。斜方唇,低卷沿,侈口,折肩,腹部较浅,锥状实足,实足较短。腹部及以下通饰弦断绳纹,足部上方有四道轮压痕迹。口径22、腹径20.2、高10.6厘米。(图三一,1;彩版一六,6)

TN23E14③:2,夹砂红陶,器身饰黑色。尖唇,卷沿,侈口。锥状实足。器身通饰竖向绳纹。口径16.5、腹径17.5、高12.8厘米。(图三一,2;彩版一七,1)

TN21E19④:2,夹砂灰陶。侈口,折沿略低,圆唇,腹部微鼓,高弧裆微瘪,柱状实足跟。肩部饰短竖向绳纹,腹部饰交错绳纹,足部饰长竖向绳纹和斜向绳纹,直至足跟。口径19.3、腹径20.3、高16.3厘米。(图三一,3;彩版一七,2)

E型 1件。直肩鬲。

TN21E19④:1,夹砂红褐陶。侈口,卷沿,圆唇,腹部平直,裆部较高,足跟部缺失。器身饰间断绳纹,于腹部和足部上方有两圈间断,足部绳纹被抹平。口径11.5、腹径11.9、残高9.6厘米。

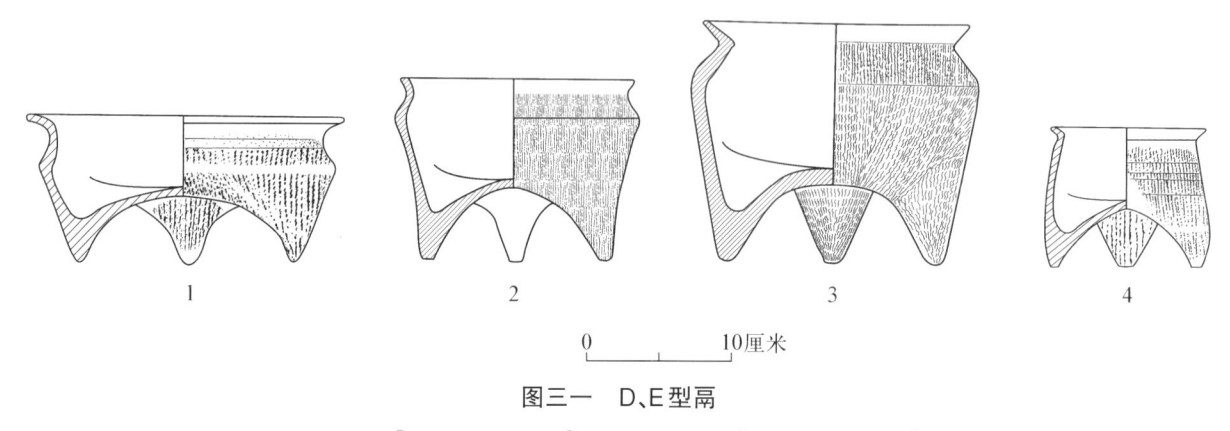

图三一 D、E型鬲

1.TN22E18④:4 2.TN23E14③:2 3.TN21E19④:2 4.TN21E19④:1

(图三一,4;彩版一七,3)

鬲足 19件。根据足跟形态分为两型。

A型 5件,锥状足。

TN20E18⑤:20,夹砂灰陶。锥状实足。饰竖向绳纹。残高7.5厘米。(图三二,1)

TN20E18⑤:17,夹砂灰陶。锥状实足,横截面略扁。饰竖向绳纹。残高7.5厘米。(图三二,2)

TN20E18⑥:7,泥质灰陶。锥状实足,实足部分较短。饰竖向绳纹。残高10厘米。(图三二,3)

TN20E18⑥:24,夹砂黑灰陶。锥状实足跟。饰竖向绳纹。残高7.5厘米。(图三二,4)

TN21E20⑤:8,硬灰陶。锥状足,实足部分较短。饰粗绳纹,并以浅凹弦纹间断。残高11厘米。(图三二,5)

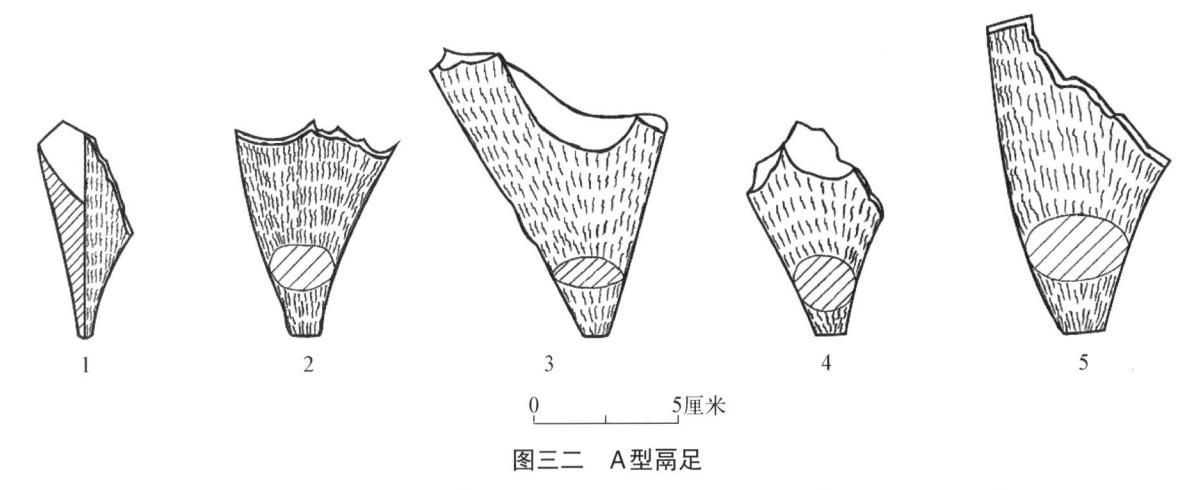

图三二 A型鬲足

1. TN20E18⑤:20 2. TN20E18⑤:17 3. TN20E18⑥:7 4. TN20E18⑥:24 5. TN21E20⑤:8

B型 14件,柱状足。

TN20E16⑥:9,泥质灰陶。柱状实足跟。饰竖向绳纹。残高9.5厘米。(图三三,1)

TN20E16⑥:15,夹砂红陶。足内有碳化残留,矮柱状实足。饰竖向绳纹。残高9厘米。(图三三,2)

TN20E18③:4,夹砂红陶,有焚烧痕迹。柱状实足跟,饰竖向绳纹。残高9厘米。(图三三,3)

TN20E18③:21,夹砂灰陶。高柱状实足根,饰竖向绳纹。残高8.3厘米。(图三三,4)

TN20E18⑤:19,夹砂灰陶。柱状实足。饰竖向绳纹。残高6厘米。(图三三,5)

TN20E18⑦:43,夹砂红陶。高柱状实足跟,饰竖向绳纹。残高9厘米。(图三三,6)

TN20E18⑦:15,夹砂黑灰陶。柱状实足。饰竖向绳纹。残高7厘米。(图三三,7)

TN20E19④:12,灰色硬。柱状足,实足根部高,饰交错绳纹。残高8.9厘米。(图三三,8)

TN20E21②:7,泥质红陶。柱状实足。仅外侧饰竖向绳纹。残高9厘米。(图三三,9)

TN21E16⑦:9,夹砂红陶,器表有烧黑现象。柱状实足,实足跟部较长。饰竖向绳纹。残高

图三三 B型高足

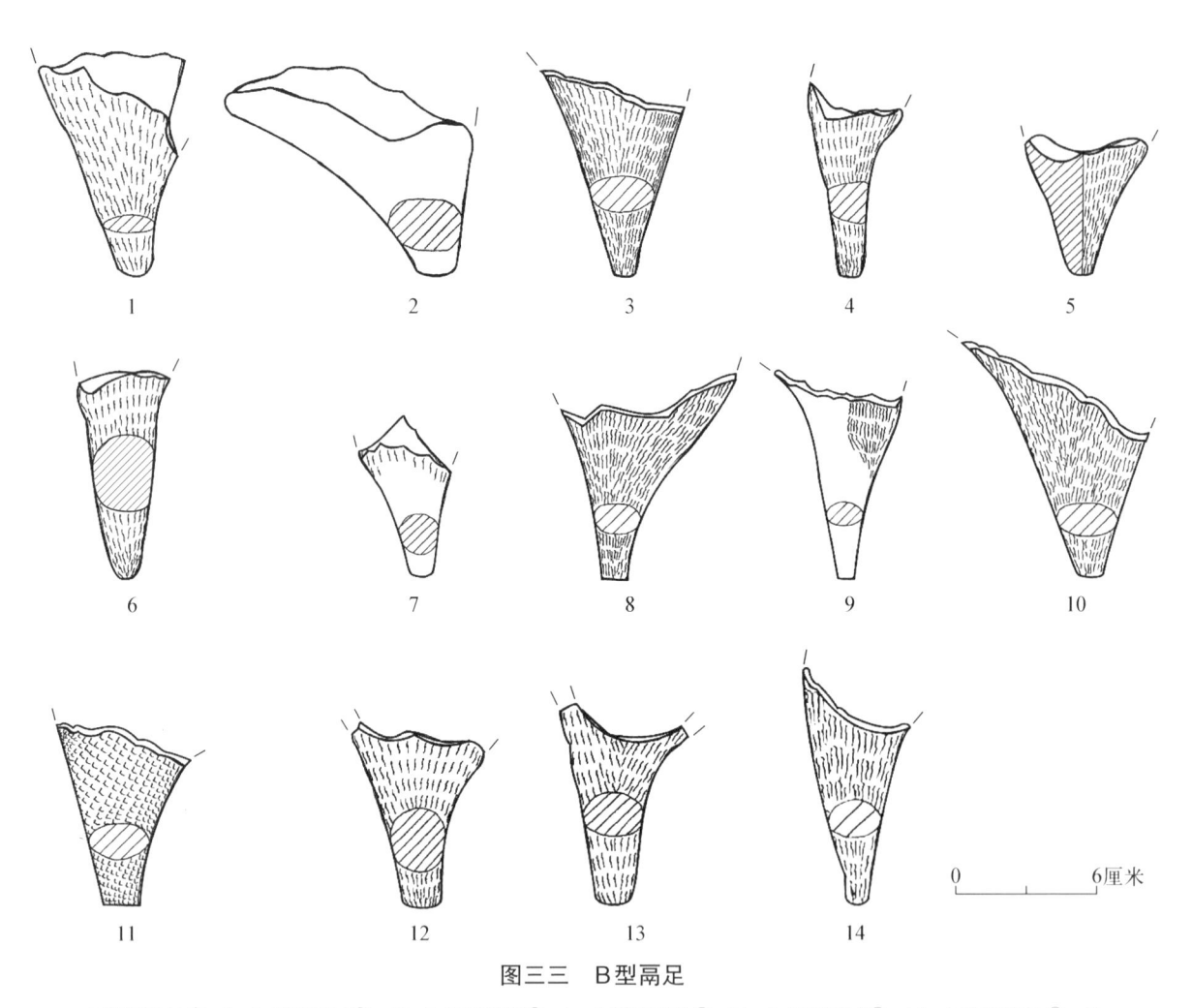

1. TN20E16⑥:9 2. TN20E16⑥:15 3. TN20E18③:4 4. TN20E18③:21 5. TN20E18⑤:19 6. TN20E18⑦:43
7. TN20E18⑦:15 8. TN20E19④:12 9. TN20E21②:7 10. TN21E16⑦:9 11. TN21E17③:6 12. TN21E20④:18
13. TN22E20③:14 14. TN22E20③:11

10.2厘米。（图三三，10）

TN21E17③:6，夹砂红陶。柱状实足跟。饰斜方格纹。残高8厘米。（图三三，11）

TN21E20④:18，夹砂红陶。柱状实足跟，饰竖向绳纹。残高8厘米。（图三三，12）

TN22E20③:14，夹砂灰陶。高柱状实足跟，饰竖向绳纹，足外侧两方向绳纹交错。残高8.5厘米。（图三三，13）

TN22E20③:11，夹砂红陶。柱状实足跟。饰竖向绳纹。残高10厘米。（图三三，14）

豆　14件，依据腹部特点分为三型。

A型　8件。弧腹豆，又根据口沿形态分为两亚型。

Aa型　3件。敛口。

TN20E13⑥:1，泥质黑陶。方唇，敛口，斜腹角度偏小，浅盘，柄自上而下由粗渐细，圈足偏

大。通体素面光洁。口径14.9、底径12.4、高12.5厘米。(图三四,1;彩版一八,1)

TN20E17⑥:1,夹砂红陶。尖唇,敛口,口沿内折,弧腹,柄偏粗,圈足偏大。通体素面。口径14.8、底径11.6、高11.2厘米。(图三四,2;彩版一八,2)

TN20E17⑥:2,泥质灰陶。方唇,敛口,口沿内折,弧腹,盘较深,中等柄偏细,圈足偏大。通体素面光洁。口径13.8、底径9.5、高8.8厘米。(图三四,3;彩版一八,3)

Ab型 5件。敞口。

TN20E18⑦:8,夹砂灰陶,口沿表面呈现黑色。敞口,大方唇,弧腹,大平底,短柄偏粗,圈足残缺。通体素面,器表粗糙。口径12.9、残高8.2厘米。(图三四,4)

TN20E14⑤:1,夹砂灰陶。方唇微内斜,敞口,斜弧腹,浅豆盘,粗柄偏高,圈足偏大。通体素面,略粗糙,圈足内可见轮修痕。口径15.7、底径12.3、高12.5厘米。(图三四,5;彩版一八,4)

TN21E18③:2,夹砂红陶,表面有黑色素沉积。敞口,平底,豆盘略深,斜腹,短粗柄,矮圈足。通体素面。口径11.1、底径7.9、高6.4厘米。(图三四,6;彩版一八,5)

TN20E14③:1,泥质红陶。尖唇,敞口,器腹较深,斜直腹,豆柄较短粗,矮圈足,圈足残缺。通体素面。口径16.2、残高8.4厘米。(图三四,7)

TN21E18④:1,泥质黑陶。方唇,直口微敞,弧腹,圜底,豆盘较深,粗短柄,矮圈足。通体素面光洁。口径14.8、底径8.6、高8.5厘米。(图三四,8;彩版一八,6)

B型 3件。折腹豆。

TN20E19⑥:2,泥质黑陶。折沿,微侈近直,方唇,折腹,浅盘,平底,短柄偏细,矮圈足。通

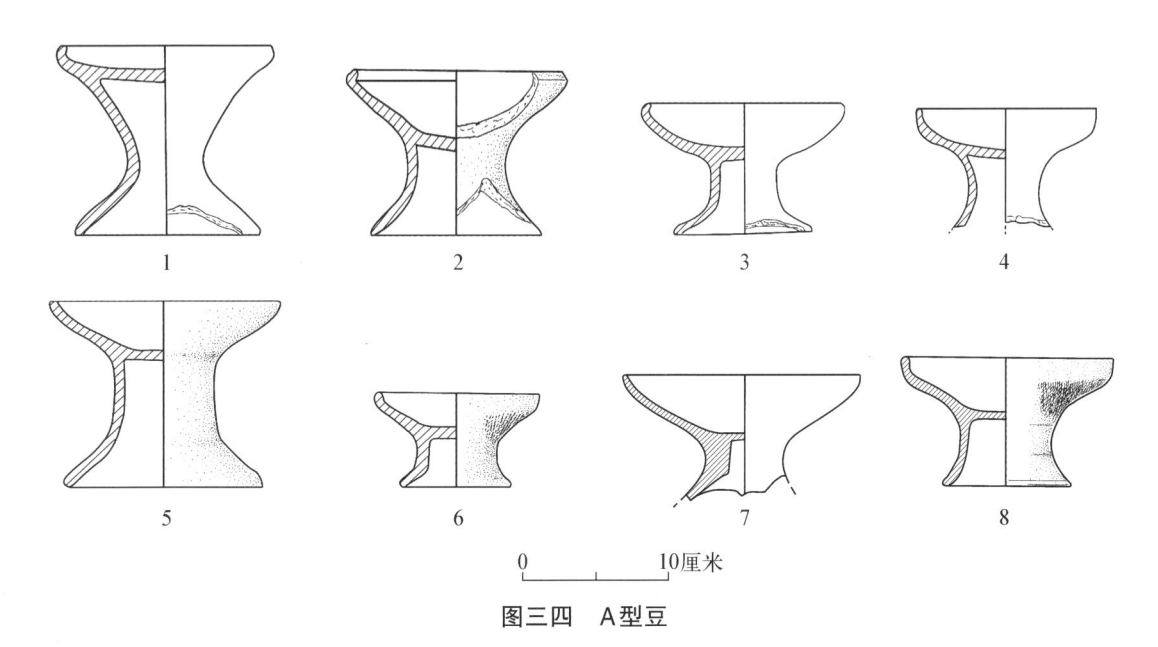

图三四 A型豆

1. TN20E13⑥:1　2. TN20E17⑥:1　3. TN20E17⑥:2　4. TN20E18⑦:8　5. TN20E14⑤:1
6. TN21E18③:2　7. TN20E14③:1　8. TN21E18④:1

体素面光洁，在圈足内可见轮修痕。口径13.5、底径8.7、高8.3厘米。(图三五，1；彩版一九，1)

TN21E18④∶3，泥质红褐陶。器型偏小。侈口，方唇，折沿，折腹，浅盘，近平底，短柄偏细，矮圈足。通体素面光洁。口径12.5、底径7.9、高6.5厘米。(图三五，2；彩版一九，二)

TN21E18③∶3，泥质黑陶，部分地区红褐色胎露出。方唇内斜，直口，折沿，折腹，大平底，粗短柄，矮圈足。通体素面光洁。口径13.1、底径9.2、高6.8厘米。(图三五，3；彩版一九，3)

C型　3件。仿原始瓷豆，折腹上有凹陷弦纹。

TN20E16⑥∶1，泥质红陶。器型偏小。直口微侈，方唇，折腹，豆盘较浅，近平底，粗短柄，矮圈足。通体素面光洁，折腹上方有内凹。口径12.8、底径8.6、高6.5厘米。(图三五，4；彩版一九，4)

TN21E18④∶4，灰色硬陶。侈口，方唇略斜，唇上呈凹槽状，宽折沿，折腹，圜底，豆盘较深，短柄，喇叭状矮圈足。口沿下可见密集轮制痕迹。口径12、高6厘米。(图三五，5)

TN20E19④∶2，原始瓷质。侈口，方唇略斜，唇上呈凹槽状，宽折沿，折腹，圜底，豆盘较深，短柄，喇叭状矮圈足。口沿下六道凹弦纹，可见密集轮制痕迹，豆盘底部有三圈较粗的凹弦纹。器物有三处气泡凸起，应为烧制失误。口径13.7、底径6.9、高6.2厘米。(图三五，6；彩版一九，5)

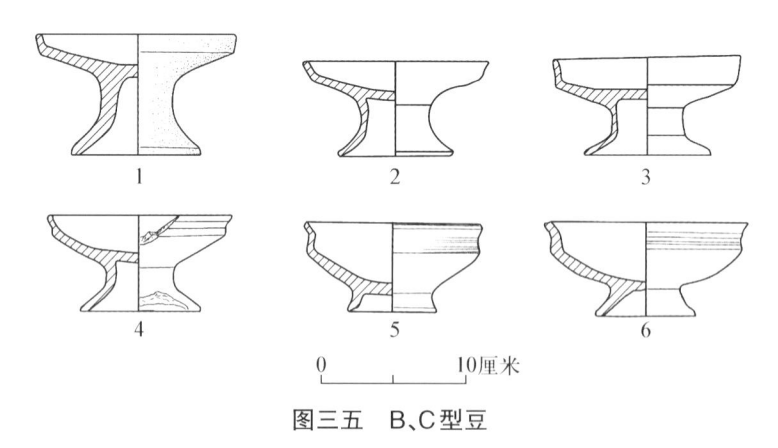

图三五　B、C型豆

1. TN20E19⑥∶2　2. TN21E18④∶3　3. TN21E18③∶3　4. TN20E16⑥∶1　5. TN21E18④∶4　6. TN20E19④∶2

盉　5件。

TN20E18⑦∶1，似鬶。泥质黑陶。口部微残，内颈部有凸起，鼓腹，高弧裆，柱状实足跟，腹部设有一流一把，近似直角，槽形流，斜向约45度，长约2厘米，较完整，把手残缺。颈部素面，器表饰间断绳纹，于腹部和足部上方有两圈间断。口径8.2、腹径13.3、高12.8厘米。(图三六，1；彩版二〇，1)

TS04E20②∶1，单体盉，似鬶。器身为夹砂灰黑陶，足跟部为夹砂红陶。口部残缺，弧腹，裆部略低，器腹较深，实足跟较长，腹部设有一流一把，成直角，管状流完整，斜向约45度，长约3~4厘米，把手残缺。器表磨损严重，可见部分绳纹残余。口径残余8.4、腹径11.8、高12.2厘米。(图三六，2；彩版二〇，2)

TN20E18④：5，夹砂灰陶，陶质粗糙。两片残片，一流一把，把手为羊角形，长5.5厘米，尾部上翘，流口残缺。(图三六，3)

TN20E18⑦：7，上部为甑形，下部为鬲形。泥质黑陶。上部敛口，方唇，斜弧腹，底部椭圆形箅孔十七个，至少四个箅孔未贯通不规则，箅孔周边粗糙未磨平，有明显凸起，应为戳箅子的痕迹。下部腹部鼓出，弧裆偏矮，柱状实足跟，腹部有一流一把，流把之间近似直角，流口略残，管状流，把手残缺。上部器身饰有刻划和戳印纹样，下部器表遍布纵向弦断绳纹，于腹部有三圈刻划间断。口径11.9、腹径13.5、高17.2厘米。(图三六，4；彩版二〇，3、4)

TN21E19④：3，联体盉。夹砂红陶，残留流口及以上，方唇微内敛，流口为管状流，斜长3厘米。箅孔分为三圈，共二十个，外圈十二个、内圈七个、中心一个，分布较有规律。口径10.2、残高8厘米。(图三六，5)

钵　7件，依据肩部形态分为两型。

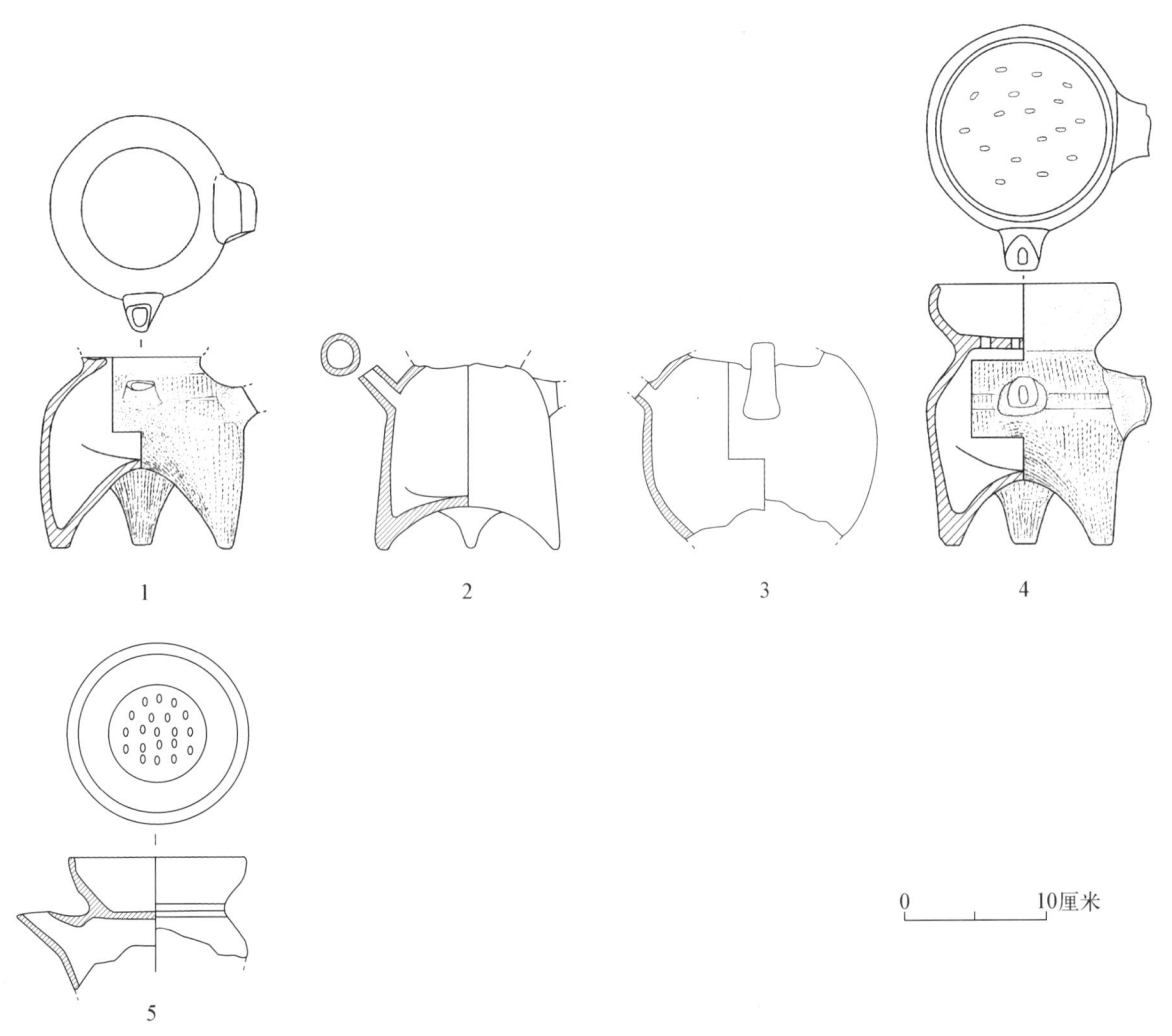

图三六　盉

1. TN20E18⑦：1　2. TS04E20②：1　3. TN20E18④：5　4. TN20E18⑦：7　5. TN21E19④：3

A型 3件。弧肩。

TN21E18⑥:1，泥质黑陶。口沿内折、方唇，折肩，弧腹，平底微内凹。器表饰竖向间断绳纹，与肩部下方有一圈两厘米的间断带，其中可见明显轮痕。口径9、底径6.9、高6.2厘米。（图三七,1；彩版二一,1）

TN20E18④:2，夹砂红陶。斜方唇，微敛口，腹较深，平底。器表饰竖向绳纹，口沿下绳纹抹平。口径11.2、腹径13.5、高8.7厘米。（图三七,2；彩版二一,2）

TN02E04②:1，夹砂红陶。方唇，微敛口，弧腹，平底略凹。器身饰绳纹，并以浅凹弦纹间断。口径9.5、腹径10.5、器高5.8厘米。（图三七,3；彩版二一,3）

B型 4件。鼓肩。

标本TN20E17⑥:3，泥质黑陶。口沿内折明显，方唇内斜，平底微凹。器身饰竖向绳纹，折处可见明晰轮修痕。口径8.2、底径6、高5厘米。（图三七,4；彩版二一,4）

TN20E18⑦:9，泥质灰黑陶。口沿内折，尖唇近方，鼓腹，平底微凹。器身饰竖向绳纹，器底素面。口径8.8、底径7.1、高5.7厘米。（图三七,5；彩版二一,5）

TN20E21④:1，夹砂红陶。斜方唇，微敛口，腹较深，平底。器表饰竖向绳纹，口沿下绳纹抹平。口径11.2、腹径11.1、高8.7厘米。（图三七,6）

TN06E04③:1。夹砂黑陶。尖唇，敛口，平底，腹较深。器表饰竖向绳纹，口沿下绳纹抹平。口径11.5、腹径13.2、高7.2厘米。（图三七,7；彩版二一,6）

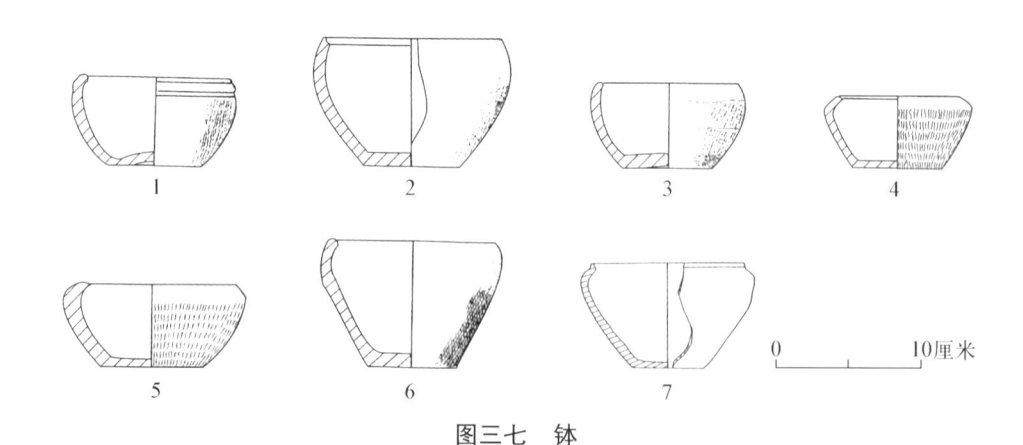

图三七 钵
1.TN21E18⑥:1　2.TN20E18④:2　3.TN02E04②:1　4.TN20E17⑥:3　5.TN20E18⑦:9
6.TN20E21④:1　7.TN06E04③:1

罐 7件。均残。

TN22E14②:3，灰色硬陶。方唇外侈，小口，鼓腹折肩，于肩上可见一圆饼状附耳，两侧再贴塑两片泥片。颈部饰两圈弦纹，肩部上下饰四圈弦纹，肩部以下饰竖向绳纹，部分被弦纹间断。口径15.2、残高10.2厘米。（图三八,1）

TN21E17③:8，錾耳。夹砂灰陶。环形耳，贴塑痕迹明显，耳身内凹，两侧翘起。（图三八,2）

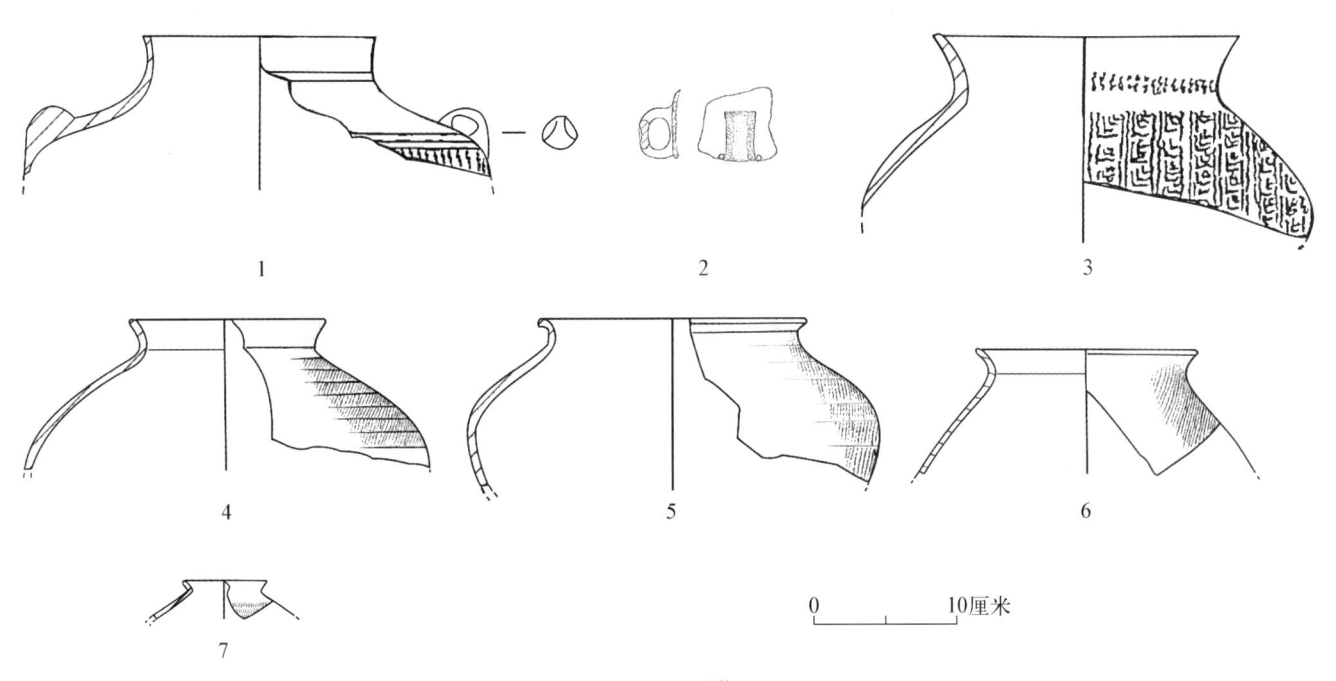

图三八 罐

1. TN22E14②:3 2. TN21E17③:8 3. TS04E20②:1 4. TN20E18④:3 5. TN20E18④:10
6. TN21E17③:2 7. TN20E18⑦:23

TS04E20②:1，泥质红陶。斜方唇，高卷沿，侈口，斜腹。口部饰竖向绳纹，颈部以下饰窗格纹。口径20、残高13厘米。(图三八,3)

TN20E18④:3，夹砂灰陶。尖唇，高卷沿，侈口。鼓肩，腹部残缺。颈以下饰绳纹，并以多道浅凹弦纹间断，肩部抹平。残高10.5厘米。(图三八,4)

TN20E18④:10，斜方唇，卷沿，侈口，束颈，弧腹。颈部有细密轮修痕，饰绳纹，并以三道浅凹弦纹间断，肩部以下磨光，腹部残缺。残高11厘米。(图三八,5)

TN21E17③:2，硬灰陶。圆唇，卷沿，侈口，束颈，斜直肩，腹部残缺。颈部以下饰绳纹，肩部抹平。残高8.5厘米。(图三八,6)

TN20E18⑦:23，泥黑衣陶。圆唇近方，折沿侈口，腹部斜向鼓出，小口，宽腹。腹部饰竖向绳纹。残高3厘米。(图三八,7)

器盖 11件。根据捉手形态分为三型。

A型 2件。圆饼状捉手。

TN21E22⑤:1，夹砂灰陶。覆钵形，圆饼状捉手，较矮，斜腹无弧度，腹部较深，盖口外侈。通体素面无纹饰。口径12.6、高4.2厘米。(图三九,1;彩版二二,1)

TN01E05⑤:2，泥质红陶。覆钵形，矮饼状捉手与器身连为一体，器型较小，器腹较浅，盖口内敛。器表素面，于捉手顶部饰有绳纹。口径13.1、高4.3厘米。(图三九,2;彩版二二,2)

B型 3件。圈足状捉手。

TN02E05②：1，泥质红陶。覆钵形，圈足状捉手，捉手较矮，外侈，器腹深，腹部略折，盖口微侈，圆唇。器表素面。口径14.9、高6.1厘米。(图三九，3；彩版二二，3)

TN05E04③：2，泥质红陶。圈足状捉手，捉手较矮，外撇。斜腹，盖口转折，盖口呈方形。素面。口径16、高5厘米。(图三九，4)

TN05E03②：1，夹砂灰陶。覆钵形，圈足状捉手，较低，腹部微折较深，盖口微内敛。通体素面无纹饰。口径15.2、高5.2厘米。(图三九，5；彩版二二，4)

C型 6件。三钮状捉手。

TN01E04③：2，泥质黑衣陶。覆盘形，顶部近平底，捉手为三钮，钮间距适中，钮呈柱状，弧腹较浅，盖口内折，唇口为斜方唇。器表素面光洁，无纹饰。口径16.8、高5.7厘米。(图三九，6)

TN23E21⑦：3，泥质黑衣陶。覆盘形，顶部为平底，捉手为三钮，钮间距适中，钮中柱状，腹部较浅，弧腹略宽，盖口方唇，微内敛偏直。器表素面光洁，口径18.9、高4.6厘米。(图三九，7)

TN20E17②：3，泥质褐色陶，红色陶胎。捉手为三钮，钮呈柱状，仅余一个。腹部平直，器腹较浅。盖口方唇、折沿，盖口饰有弦纹，其余部位素面。口径14.4、高4.5厘米。(图三九，8；彩版二二，5)

TN20E19③：1，夹砂红陶，表面黑衣部分脱落。覆盘形，顶部捉手为三钮，钮间距较小，钮向外略有折曲且较矮，弧腹较浅，盖口呈直口，略内敛，顶部为圜底。器表素面光洁，口径16.1、高5.6厘米。(图三九，9；彩版二二，6)

TN22E18③：2，泥质黑皮陶，红色陶胎。三钮捉手，残余两钮，钮间距适中，钮向外略有折曲且较高，便于抓取，弧腹，折沿，盖口外侈近平。素面。口径20.1、高6.8厘米。(图三九，10)

TN20E16④：2，泥质黑皮陶，陶胎为红色。仅余一钮，覆盘形，三钮捉手，盖口斜方外侈，折腹，器腹较深，残高4.1厘米。(图三九，11)

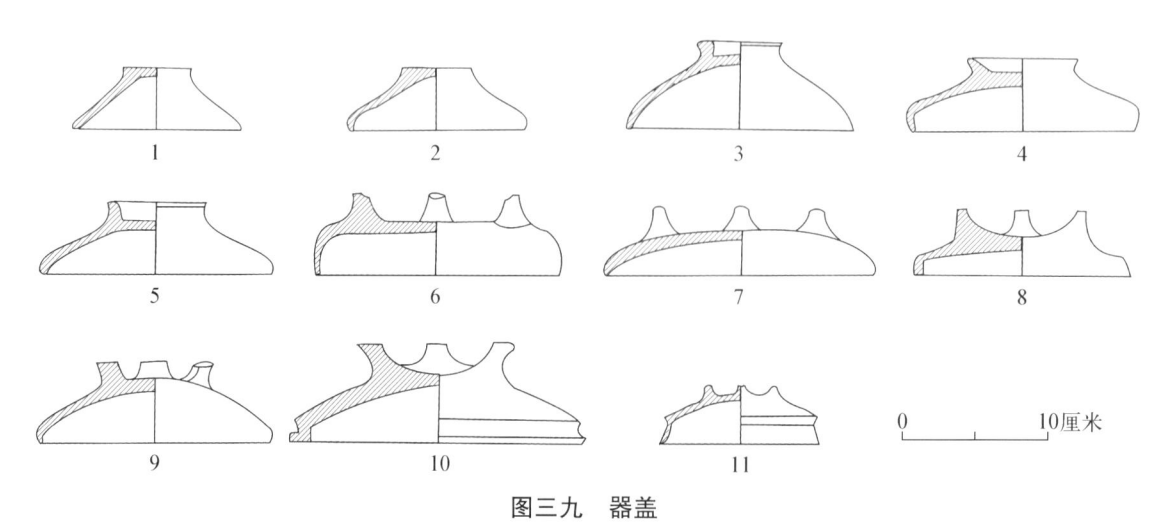

图三九 器盖

1. TN21E22⑤：1 2. TN01E05⑤：2 3. TN02E05②：1 4. TN05E04③：2 5. TN05E03②：1 6. TN01E04③：2 7. TN23E21⑦：3 8. TN20E17②：3 9. TN20E19③：1 10. TN22E18③：2 11. TN20E16④：2

盆 3件。均残。

TN20E18③：12，夹砂红陶。侈口，斜方唇，卷沿，轻微折肩，斜弧腹，下腹残缺。口沿及肩部以下饰绳纹，肩部以下绳纹还以浅凹弦纹间断。残高11厘米。（图四〇，1）

TN19E18③：1，夹砂灰褐陶。斜方唇，矮卷沿，侈口，弧腹。肩部饰附加堆纹，堆纹上按压成竖向凹窝，凹窝内饰横向绳纹，腹部饰竖向绳纹。残高8.5厘米。（图四〇，2）

TN20E18④：18，夹砂红陶。侈口，圆唇，卷沿，口部抹平，折肩内收。口部有细密轮修痕，颈及以下饰竖向绳纹，腹部绳纹以浅凹弦纹间断。残高11.5厘米。（图四〇，3）

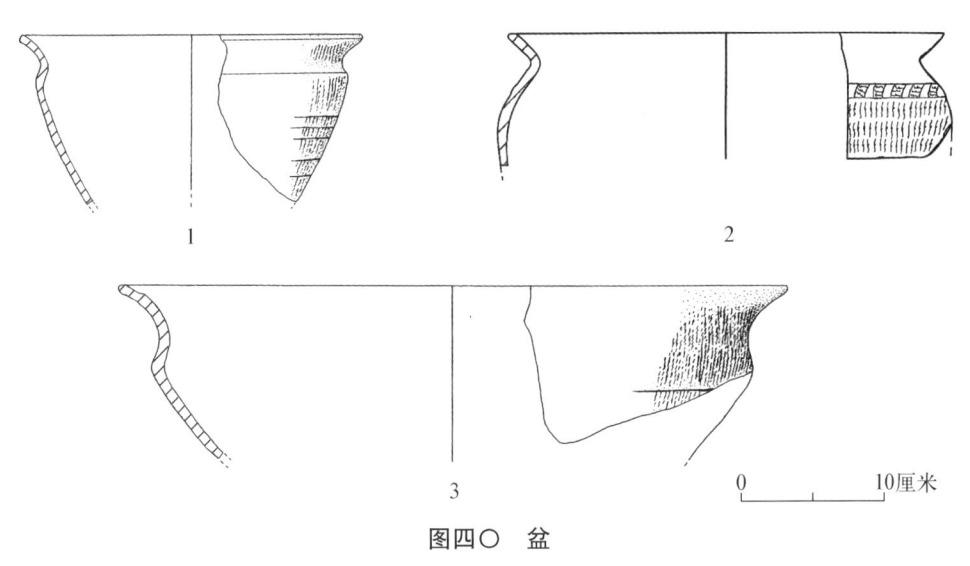

图四〇 盆

1. TN20E18③：12 2. TN19E18③：1 3. TN20E18④：18

甗 2件，仅见口沿和甗腰。

TN20E18③：1，夹砂灰陶，仅存腰部，束腰，饰一圈带凹窝附加堆纹，其余位置饰竖向绳纹。残高8.5厘米。（图四一，1）

TN20E18⑥：40，夹砂黑陶。仅存腰部，束腰，饰一圈掐印纹，腰部以下饰竖向绳纹。残高12厘米。（图四一，2）

陶拍 1件。

TN22E18④：2，夹砂灰陶，平面近似椭圆形，顶部和尾部有上翘成钮，钮部残缺。上饰绳纹，钮下绳纹被磨平。长6.6、宽4.1、残高2.1厘米。（图四一，3；彩版二三，1、2）

陶响球 1件。

TN20E18⑦：6，器身成球形，内为泥塑形，空腹，外附有褐色陶片，混成一体。器身上部有开口，直径约0.8厘米，内部有两小球状物品，直径大于开口，摇动可发声。球直径约3.8厘米。（图四一，4；彩版二三，3）

圆陶片 1件。

TN21E16③：2，夹砂红陶。平面呈圆饼形，边缘部分残缺，口缘圆钝。素面。直径6.3、厚0.5

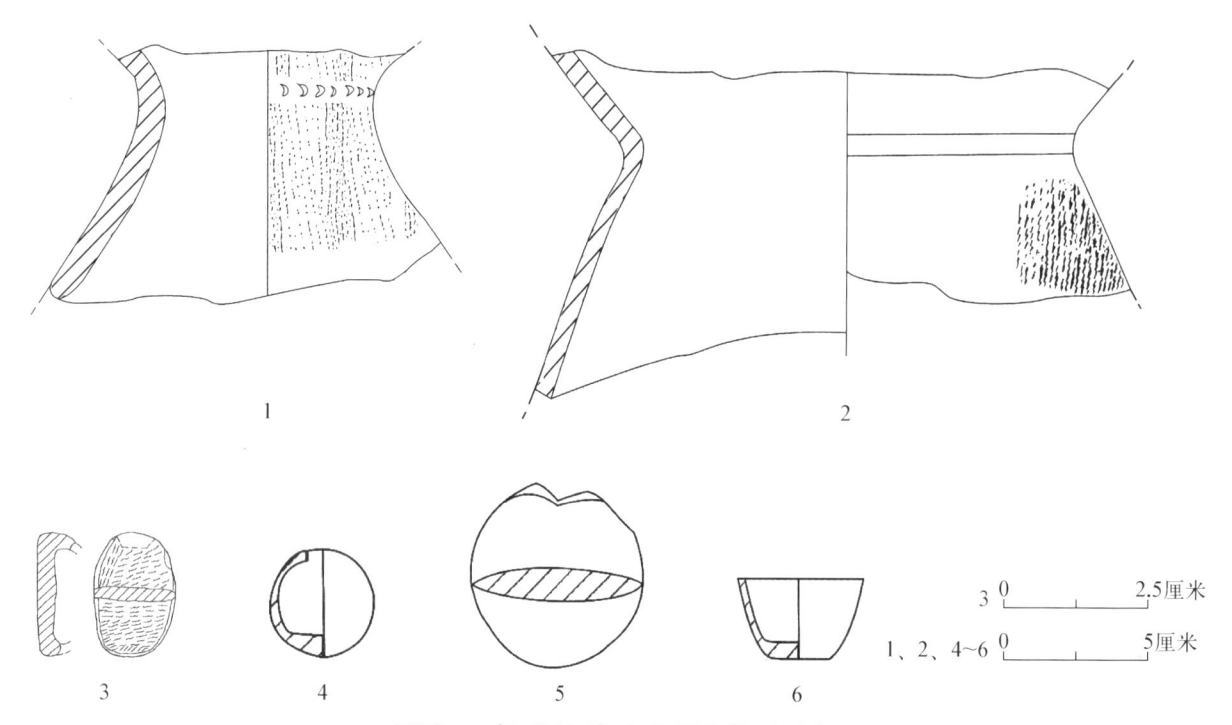

图四一　甗、陶拍、陶响球、圆陶片、小陶杯
1. TN20E18③：1　2. TN20E18⑥：40　3. TN22E18④：2　4. TN20E18⑦：6
5. TN21E16③：2　6. TN20E18⑦：3

厘米。(图四一,5;彩版二三,4)

小陶杯　1件。

TN20E18⑦：3,泥质灰陶。尖唇,微敛口,鼓腹。口沿以下饰绳纹。纹饰已模糊不清。口径4.2、高2.8厘米。(图四一,6)

陶纺轮　7件。根据形态分为两型。

A型　5件。圆饼形。

TN20E18⑦：4,泥质灰陶。圆饼形,残缺。穿孔居中,直径0.5厘米,穿孔不规则。素面。器物直径5.3、厚0.8厘米。(图四二,1;彩版二四,1)

TN02E03④：1,夹砂红陶。算珠形,器形较小。素面,表面粗糙。中部圆形对钻穿孔,直径2.5厘米,纺轮残直径4.5厘米,外围略有残缺。(图四二,2;彩版二四,2)

TN23E14⑦：2,夹砂灰陶。器型较小。圆饼形,穿孔居于正中,孔径0.4厘米。素面。直径2.7厘米。(图四二,3;彩版二四,3)

TN22E16⑦：1,泥质红陶。圆饼形,略不规整,穿孔居中,直径0.5厘米,横截面为长方形。素面。器物直径3.3厘米。(图四二,4;彩版二四,4)

TN01E01④：4,泥质灰陶。略有残缺,穿孔居中,直径0.3厘米,横截面为梯形。素面。上直径2.7、底径3.1厘米。(图四二,5;彩版二四,5)

第四章 遗 物

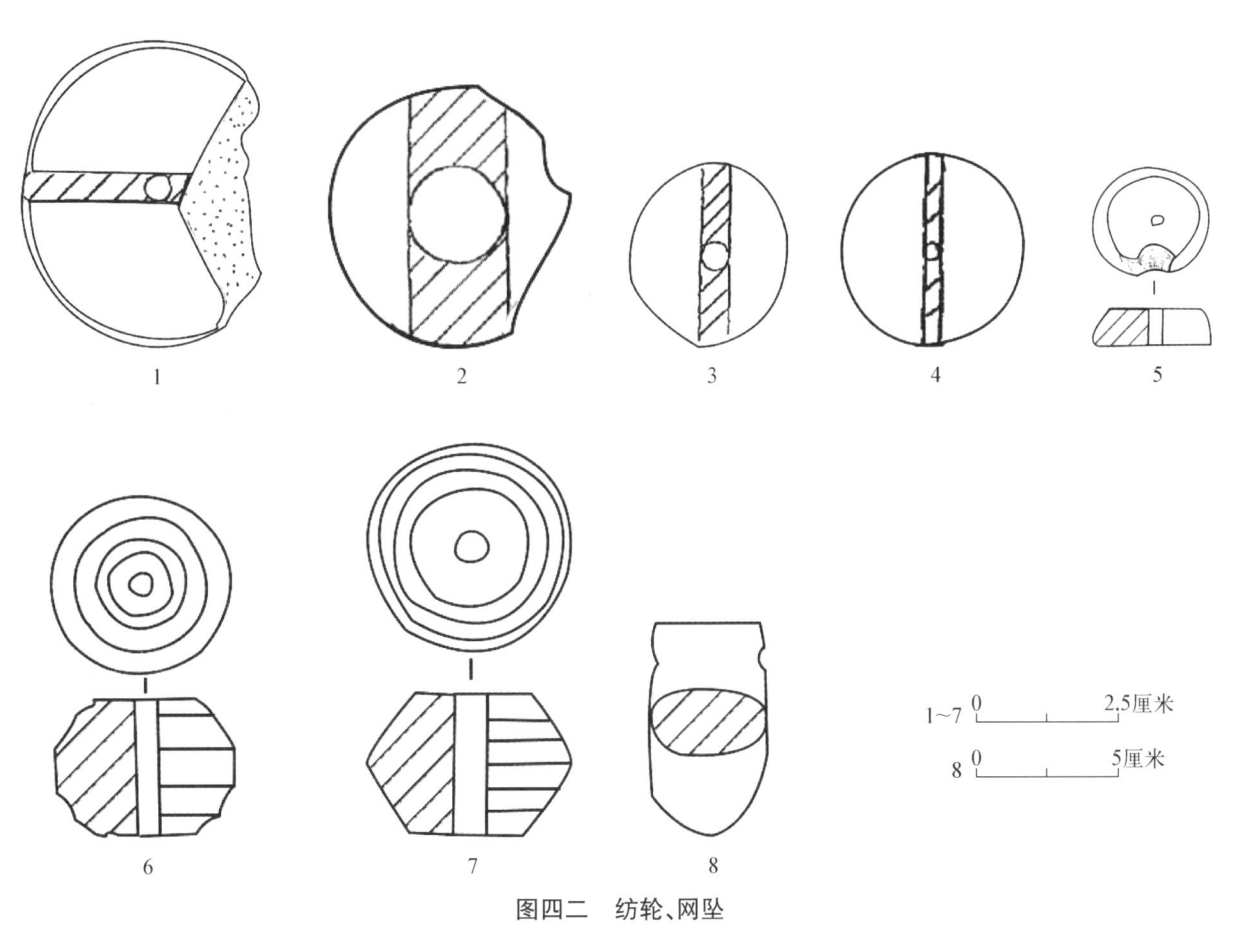

图四二 纺轮、网坠
1. TN20E18⑦:4 2. TN02E03④:1 3. TN23E14⑦:2 4. TN22E16⑦:1 5. TN01E01④:4
6. TN20E20②:1 7. TN01E02②:1 8. TN22E16③:3

B型 2件。算珠形。

TN20E20②:1，泥质黑衣陶。中有0.5厘米直径穿孔，穿孔外围有凹弦纹一圈，外围略有残缺。残直径3.3、高2.5厘米。(图四二,6；彩版二四,6)

TN01E02②:1，泥质红陶。穿孔居中，横截面为六边形。素面。直径0.5厘米，上下底径直径2、腹径3.6厘米。(图四二,7；彩版二四,7)

网坠 1件。

TN22E16③:3，夹砂红陶。陀螺形，顶部内凹，上部有一圈刻槽，下部内收为圆钝。下部略有残缺。残高7.3、直径3.4厘米。(图四二,8；彩版二四,8)

坩埚 1件。

TN06E05②:2，盆形坩埚，黏土制成，内层烧结坚硬，外层部分脱落。厦门大学考古人类学实验中心、厦门大学分析测试中心使用SEM-EDS分析方法（扫描电子显微镜和X-射线能谱）对坩埚内残留物进行分析，推断为铁矿渣乃至铁单质，进而推测该器物用途为冶铁。高15.6、外径11.5、内径3.5厘米。(彩版二三,5、6)

二、石器

石器的质料主要是花岗岩、砂岩、绿松石等，均为磨制石器，通体磨光，刃部尤为明显。按用器功能分为四大类，一是装饰工具类，主要为石钺；二是生产工具，包括石锛、石斧、石刀、石镰、石凿等；三是兵器类，主要为箭镞；四是其他杂类，主要有石权和切割器、刮削器等。

石钺 2件。依据有无穿孔分为二型。

A型 1件。无穿孔石钺。

TN20E15②:1，绿松石质。器型较小。刃部略有残缺，通体磨光，双面直刃。高2.4、最宽4、最厚1厘米。（图四三，1；彩版二五，1）

B型 1件。穿孔石钺。

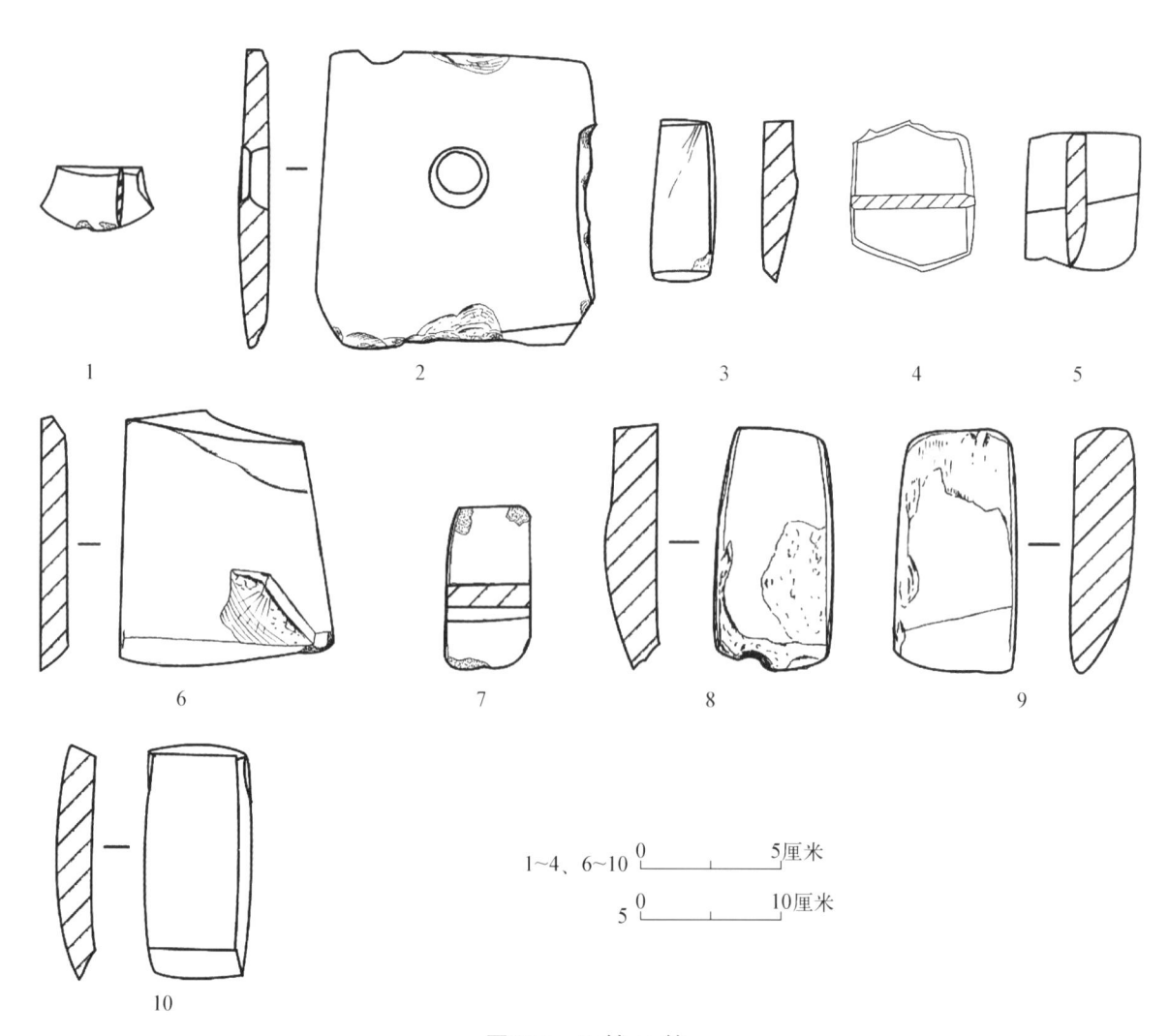

图四三 石钺、石锛

1. TN20E15②:1 2. TN20E18③:1 3. TN06E06④:2 4. TN21E20③:1 5. TN22E16③:2
6. TN20E18④:1 7. TN22E16③:1 8. TN20E17②:1 9. TN21E17③:1 10. TN06E06④:1

TN20E18③：1，青色石质，外包乳白色石皮。平面略成正方形，穿孔居中，管钻对钻，刃部残缺，通体磨光。残长10.4、残宽9.9、厚0.4厘米，钻孔直径2.2厘米。（图四三，2；彩版二五，2）

石锛 8件。依据有无段分为二型。

A型 1件，有段石锛。

TN06E06④：2，青灰色花岗岩制成。扁平状，平面呈长方形，平顶，上端有段，单面直刃，刃部有疤痕，通体磨光。长5.7、宽2.3、厚1.3厘米。（图四三，3；彩版二五，3）

B型 7件，无段石锛，又依形状分为两亚型。

TN21E20③：1，青灰色花岗岩。扁平状，平面呈长方形，上端及刃部残缺，单面直刃，通体磨光。长5.3、宽4.4、厚1.3厘米。（图四三，4；彩版二五，4）

TN22E16③：2，灰白色砂岩。平面成长方形，扁平状，单面直刃。长9.6、宽5.5、高0.3厘米。（图四三，5；彩版二五，5）

TN20E18④：1，青色花岗岩制成。扁平状，平面略呈正方形，上窄下宽，单面直刃，刃部略有残缺，通体磨光。最高处9.1、上宽6.5、下宽7.5、厚1厘米。（图四三，6；彩版二五，6）

TN22E16③：1，青色砂岩。单面弧刃，扁平，刃部圆钝，磨损严重。顶部残缺。残长5.6、宽4.7、高0.7厘米。（图四三，7；彩版二六，1）

TN20E17②：1，褐色花岗岩制成。通体磨光，单面弧刃，刃部残缺，平面呈梯形，上窄下宽。残长8.3、上宽2.2、下宽4、厚1.1厘米。（图四三，8；彩版二六，2）

TN21E17③：1，青色花岗岩制成。平面成长方形，通体磨光，单面直刃，刃部较钝，制作粗糙。长8.5、宽4.2、厚2.4厘米。（图四三，9；彩版二六，3）

TN06E06④：1，青色砂岩制成。扁平状，平面成长方形，顶部磨平，单面弧刃，刃部较钝，有疤痕。长8.2、宽3.8、厚1.2厘米。（图四三，10；彩版二六，4）

石斧 6件。依据有无穿孔分为两型。

A型 1件，穿孔石斧。

TN01E03②：1，青色花岗岩制成。扁平状，平面成长方形，顶部和刃部略有残损，顶部残留半个直径1厘米的穿孔，双面成刃，器身中部偏上有一圆润凹窝，通体磨光。残长11.1、宽6、厚0.5厘米。（图四四，1；彩版二六，5）

B型 5件，无穿孔石斧。

TN02E01③：1，青灰色花岗岩制成。顶部磨平，双面成刃，平面成长方形，短刃面磨光，长刃面粗糙。刃部有残损。长9.6、宽5.8、厚1.6厘米。（图四四，2；彩版二六，6）

TN02E03②：1，青灰色花岗岩制成。器型较小。通体磨光，平面成长方形，刃部有疤痕。长4.8、宽3、厚1.2厘米。（图四四，3；彩版二七，1）

TN22E22⑤：1，青灰色花岗岩制成。器型较小。刃部及正反两面磨光，两侧面及顶部粗糙。平面成长方形。双面成刃。长4.9、宽1.7、厚1.5厘米。（图四四，4；彩版二七，2）

TN22E16④：3，灰白色砂岩制成。双面成刃，刃部残缺，通体磨光，平面为长方形。长7.8、宽4.1、厚2.8厘米。（图四四，5；彩版二七，3）

图四四　石斧、石凿、石镰

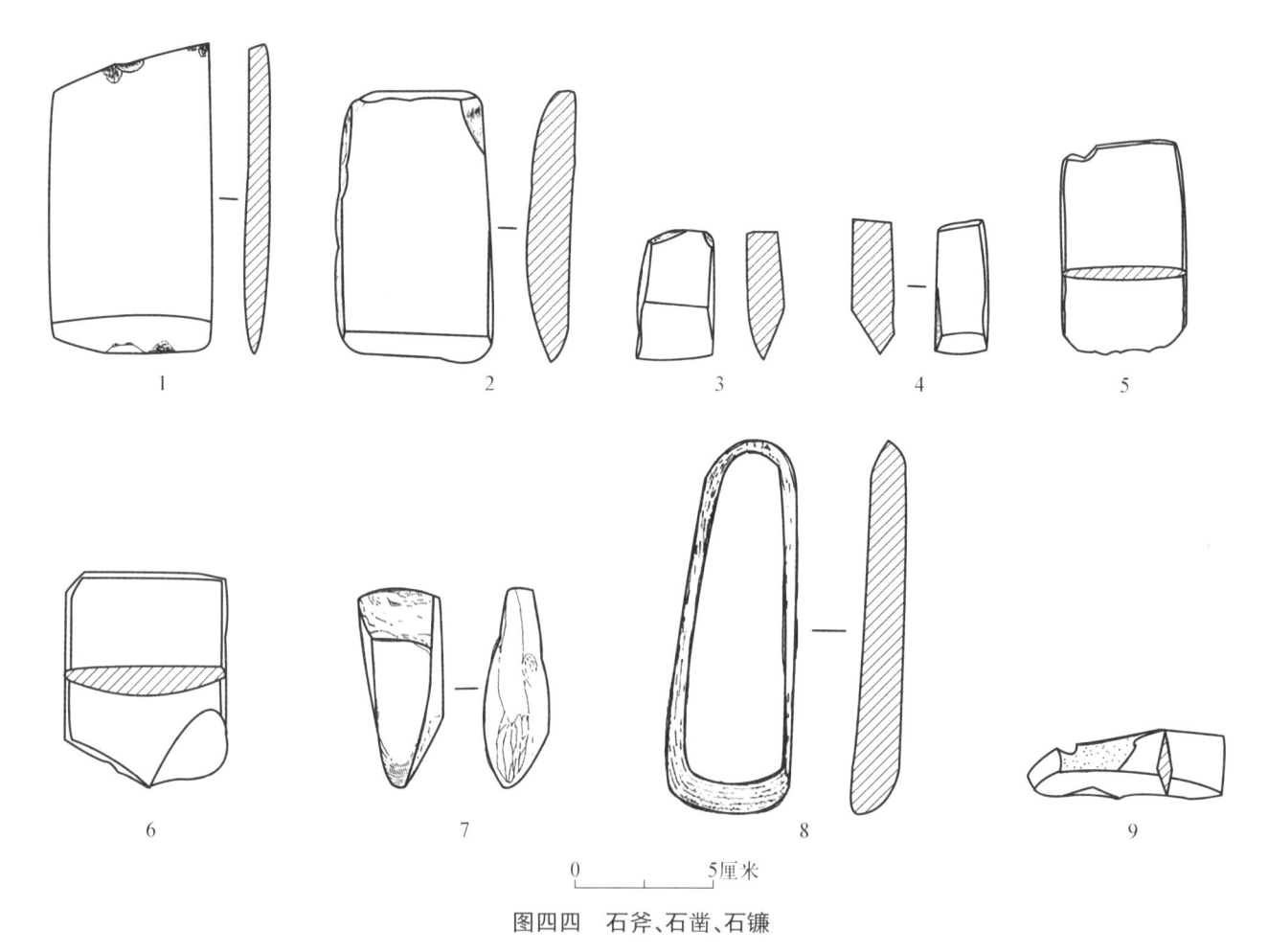

1. TN01E03②:1　2. TN02E01③:1　3. TN02E03②:1　4. TN22E22⑤:1　5. TN22E16④:3
6. TN21E16⑦:1　7. TN20E16⑦:3　8. TN23E22⑦:1　9. TN22E16④:1

TN21E16⑦:1，青灰色花岗岩制成。双面成刃，刃部残缺，部分磨光，平面略成长方形。残长7.8、宽5.7、厚1.4厘米。(图四四，6；彩版二七，4)

石凿　2件。

TN20E16⑦:3，青灰色花岗岩制成。底部磨光，底部圆润粗钝。平面成直角梯形，顶部为直边，底部为斜边。长7.2、宽3.4、厚1.2厘米。(图四四，7；彩版二七，5)

TN23E22⑦:1，青灰色花岗岩制成。顶部磨平，略成正方形，长条形，双面刃，正面刃长，背面刃较短，刃部略有残缺。通体磨光。长13.5、宽4、厚3.5厘米。(图四四，8)

石镰　1件。

TN22E16④:1，青灰色花岗岩制成。弧背弧刃，刃部无锯齿。通体斜向磨光，可见磨痕，刃部和背部有残缺。残长7.1、宽2.3、厚0.4厘米。(图四四，9；彩版二七，6)

石刀　2件。

TN02E02③:1，青色花岗岩制成。通体磨光，右侧及刃部残缺，上残留半个穿孔，内有细密

轮修痕。残长6.5厘米。(图四五,1;彩版二八,1)

TN22E14④:1,青灰色花岗岩石质。刃部有残缺,器身细腻。残长4.8、宽2厘米。(图四五,2;彩版二八,2)

石箭镞 3件。

TN01E01③:1,红褐色花岗岩制成。器身平整光滑,三棱镞,无外伸翼,脊部凸起明显,三条棱即成刃,铤细于器身,与镞身分界明显。截面为三角形。长8.4、宽2.1厘米。(图四五,3;彩版二八,3)

TS05E25②:1,青灰色花岗岩制成。器身平整光滑,刃部圆润,截面成长方形。锋较钝,平面近似弹头状。长4.8、宽0.9、厚0.7厘米。(图四五,4;彩版二八,4)

TN01E02③:1,青灰色花岗岩制成。器身平整光滑,前锋部呈圆锥状,镞身为圆柱状,两侧翼部残缺,残余部分锋利,铤部缺失,平面形似弹头状。残长5.3厘米。(图四五,5;彩版二八,5)

石环状器 1件。

TN21E19⑥:2,外部不规则,略成椭圆形,中部钻孔面平整光滑。桯钻,对钻而成。直径8.5、

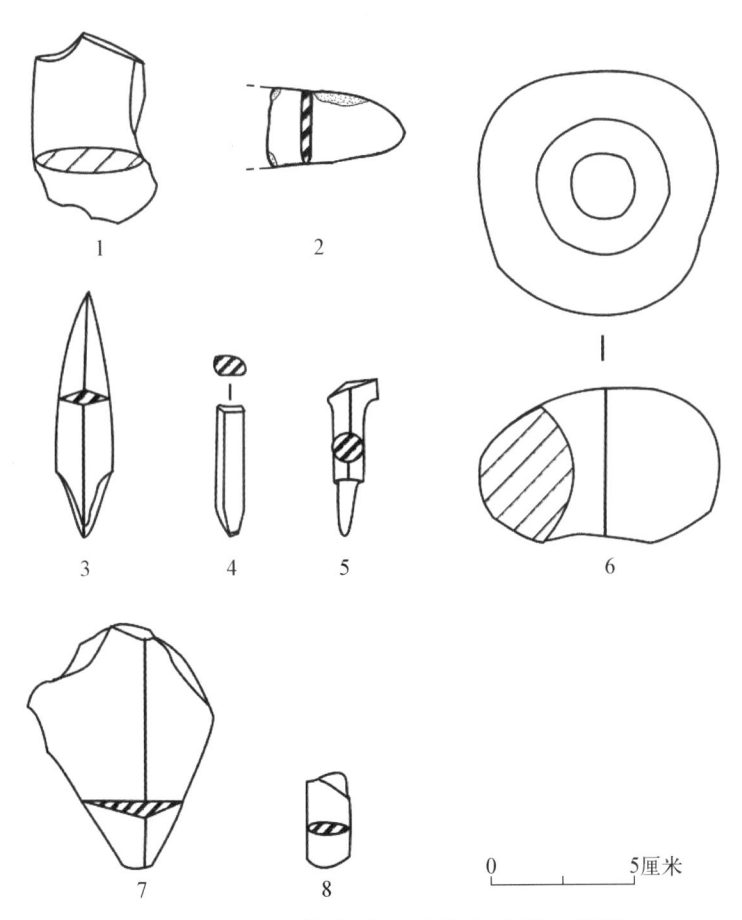

图四五 石刀、石箭镞、石环状器、切割器、刮削器
1.TN02E02③:1 2.TN22E14④:1 3.TN01E01③:1 4.TS05E25②:1 5.TN01E02③:1
6.TN21E19⑥:2 7.TN02E02④:1 8.TN01E01④:3

钻孔直径4、最厚约4.3厘米。(图四五,6;彩版二八,6)

切割器 1件。

TN02E02④:1,红褐色花岗岩。平面呈三棱状,中有凸棱,两侧为刃部,有疤痕。长8.3、最宽6.4、最厚2.4厘米。(图四五,7;彩版二八,7)

刮削器 1件。

TN01E01④:3,青灰色花岗岩制成。器型较小。通体磨光,平面成长方形,两侧及刃部圆钝。长3.2、宽1厘米。(图四五,8;彩版二八,8)

三、铜器

三板桥遗址发现的铜器数量相对较少,仅有兵器箭镞一类。

箭镞 2件。

TN19E18⑦:1,黄铜。无翼,锋及侧刃尖锐,脊高凸,无铤,截面为菱形。长9.1、宽2.2厘米。(图四六,1;彩版二九,1)

TN23E22④:1,青铜。两翼及前锋略残,中脊凸出,铤部略残,锈蚀严重,但刃部及锋部尖锐。残长4.9厘米。(图四六,2;彩版二九,2)

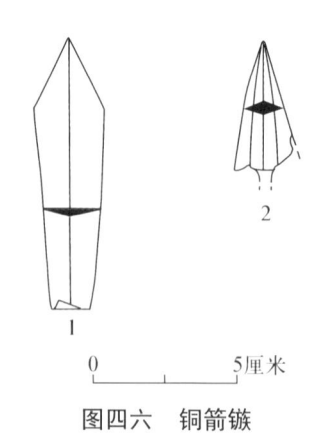

图四六 铜箭镞
1. TN19E18⑦:1 2. TN23E22④:1

第五章 分期与年代

第一节 地层分期

三板桥遗址各地层堆积均较厚，地层的分布范围较广，且遗迹数量较少，遗物基本出土于地层中。因此，依据地层关系，参考地层中遗物演变特征，对三板桥遗址进行分期。

依据三板桥遗址三墩情况，选择器物较多、器物之间存在演变规律、层位关系明确的地层按照早晚列举如下：

早期：TS04E20③（东墩）、TN01E01③、TN01E02④、TN01E02⑤（西墩）、TN20E18⑤、TN20E18⑥、TN20E18⑦（北墩）。

晚期：TS04E20②（东墩）、TN01E02②（西墩）、TN20E18②、TN20E18③、TN20E18④（北墩）。

需说明，因三墩土质、土色不同，本次发掘未统一地层，故对3个发掘区分别进行地层年代推定，北墩第②~④层为遗址晚期地层，第⑤~⑦层为遗址早期地层；东墩第②层为遗址晚期地层，第③层为遗址早期地层；西墩第②层为遗址晚期地层，第③~⑤层为遗址早期地层。

第二节 遗物分期

三板桥遗址出土周代遗物众多，对典型器物的类型学研究，不仅是对器物发展趋势和阶段性特征的概括，同样也是为文化分期提供器物层面的佐证。器物类型的阶段性变化无疑是与文化分期的阶段性变化所保持一致的趋势。将本遗址中对器物进行的型式划分与前文地层分期结果结合起来，制成以下图表。

遗址中TN20E18至TN21E19等探方地层较为丰富完整，且出土陶片数量较多。通过对上述探方各地层单位出土陶片的统计，其中包括器类、陶质、陶色、陶片纹饰等诸多方面的数据，以此作为早晚两期之间的变化依据。通过图表中数据的变化，易于观察早晚两期之间的具体变化。（详细数据见图五一、图五二、图五三）

早期：陶质、陶色以夹砂黑陶、灰陶和红褐陶为主，其中夹砂黑陶占36%，夹砂灰陶占34.61%，夹砂红褐陶占10.78%。相较于夹砂陶，泥质陶比例都较少，其中泥质黑陶占7.83%，泥

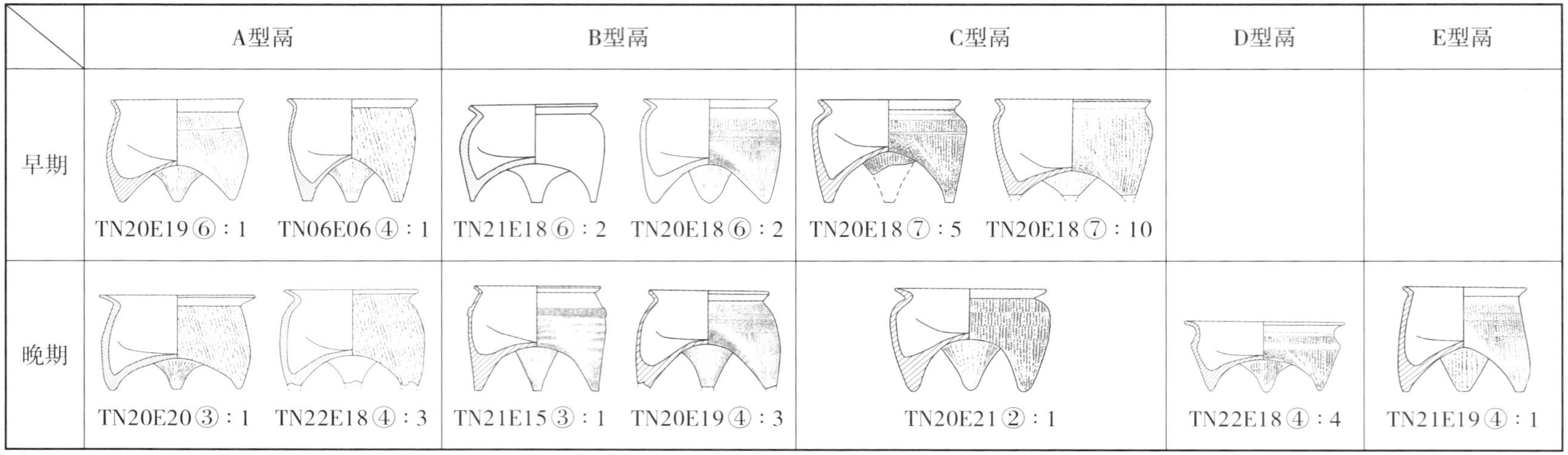

图四七 陶鬲演变图

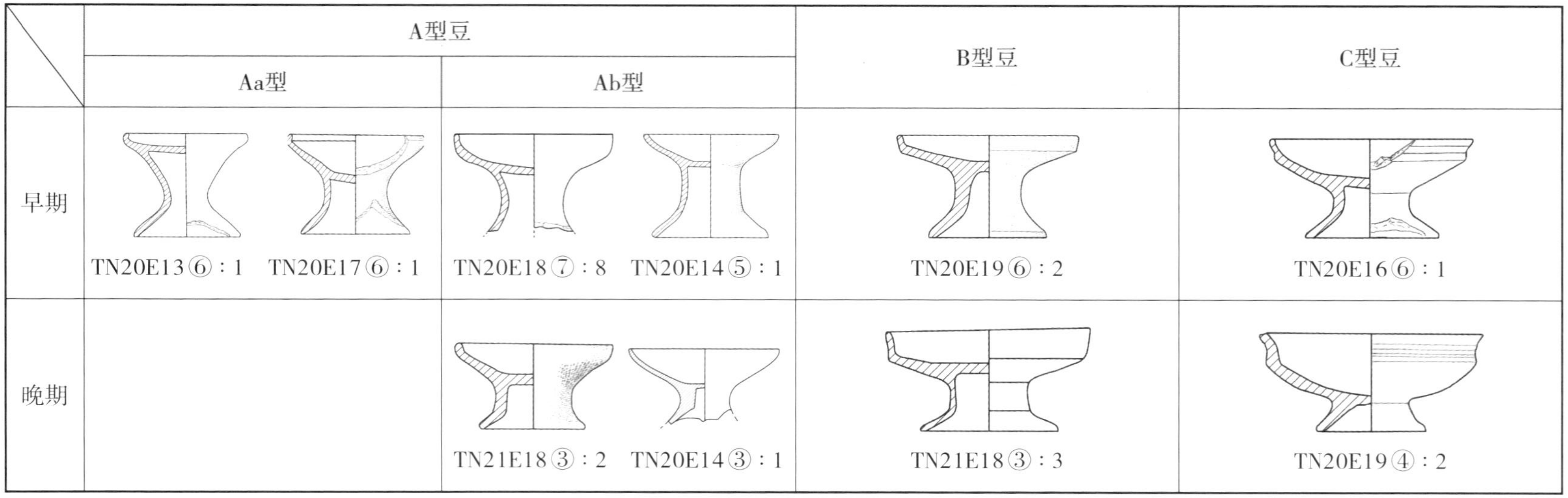

图四八 陶豆演变图

第五章 分期与年代

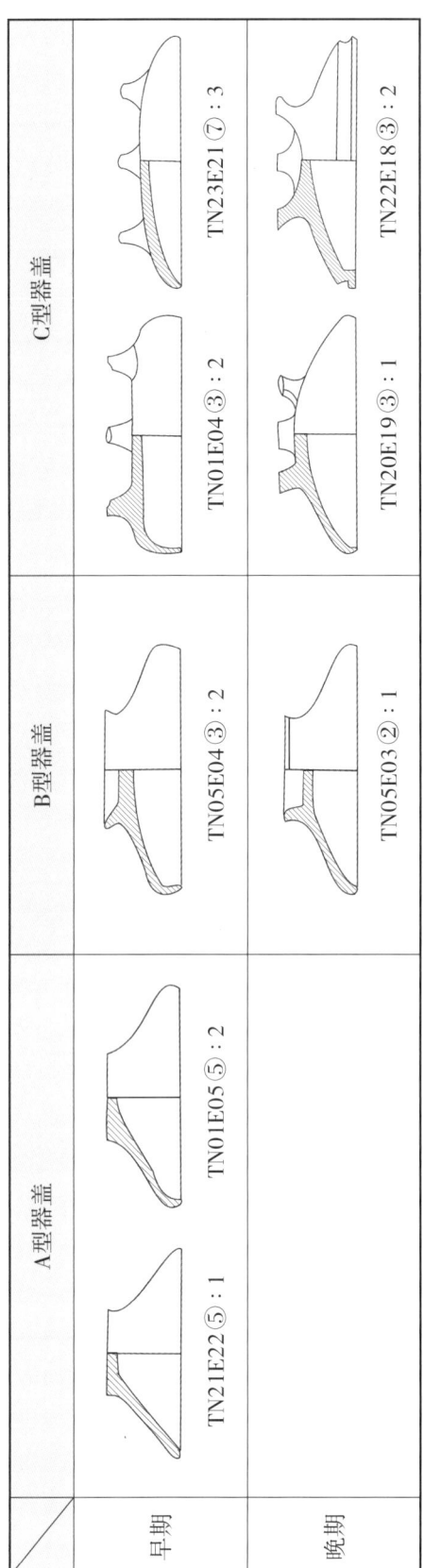

图四九 陶器盖演变图

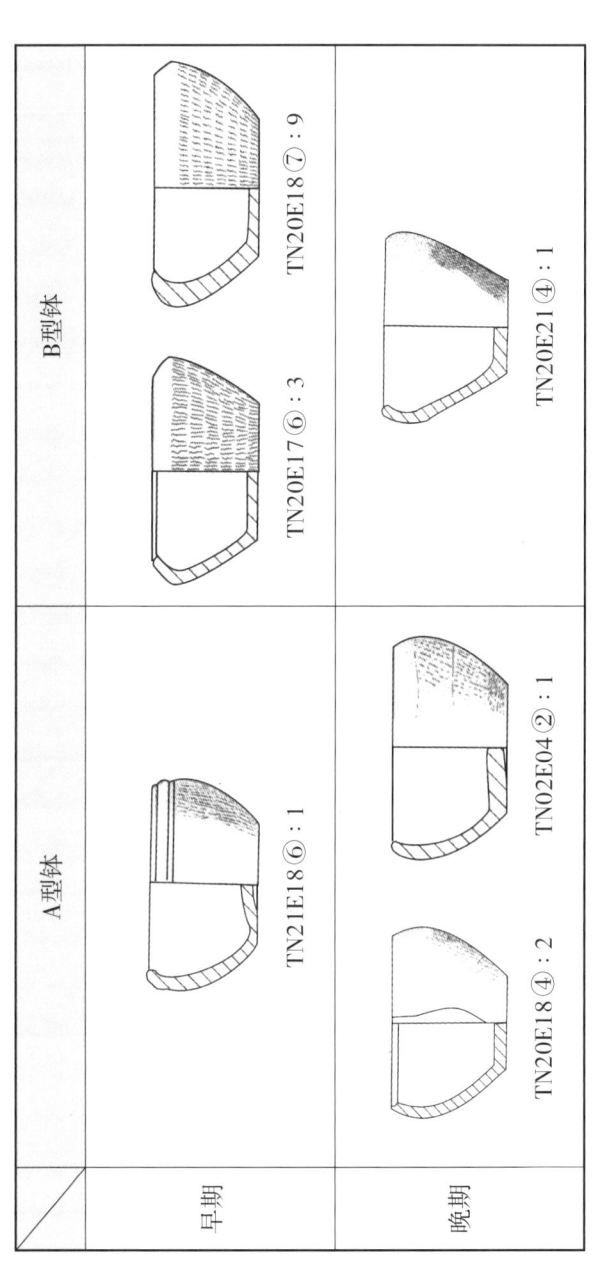

图五〇 陶钵演变图

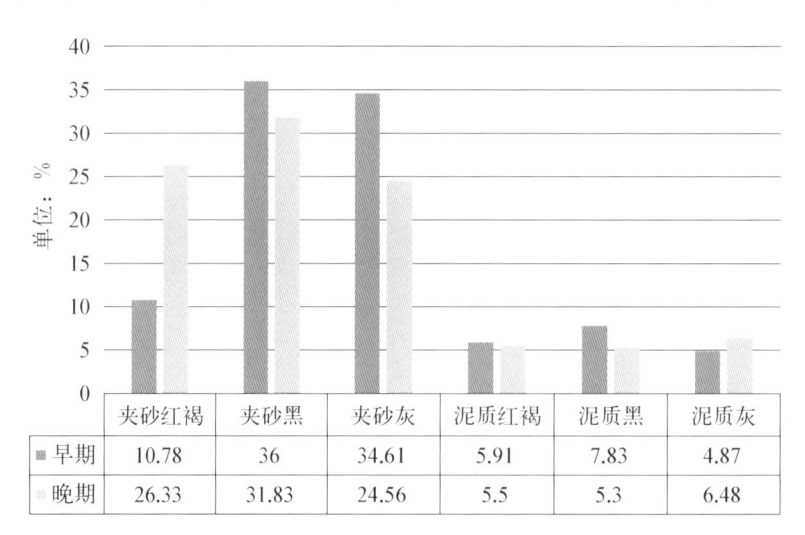

	夹砂红褐	夹砂黑	夹砂灰	泥质红褐	泥质黑	泥质灰
早期	10.78	36	34.61	5.91	7.83	4.87
晚期	26.33	31.83	24.56	5.5	5.3	6.48

图五一 三板桥遗址各期陶质、陶色比例图

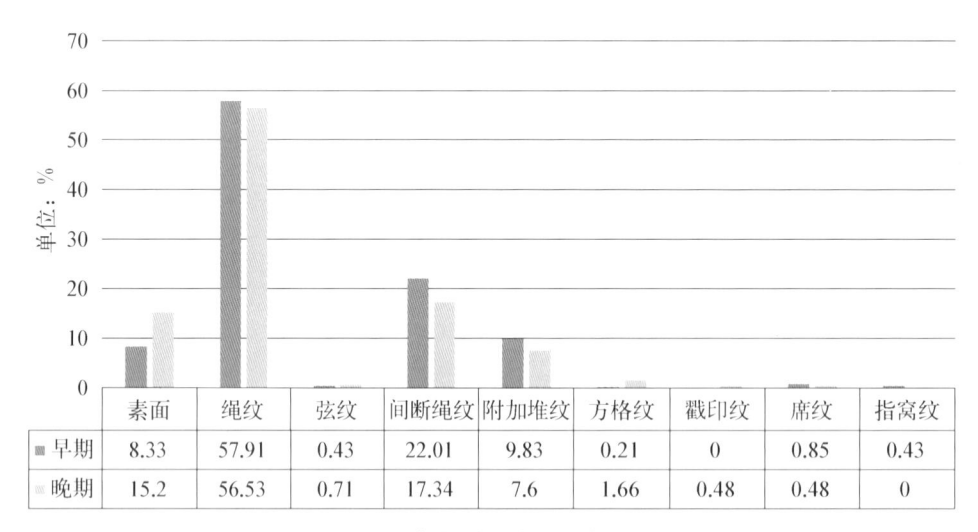

	素面	绳纹	弦纹	间断绳纹	附加堆纹	方格纹	戳印纹	席纹	指窝纹
早期	8.33	57.91	0.43	22.01	9.83	0.21	0	0.85	0.43
晚期	15.2	56.53	0.71	17.34	7.6	1.66	0.48	0.48	0

图五二 三板桥遗址各期纹饰比例图

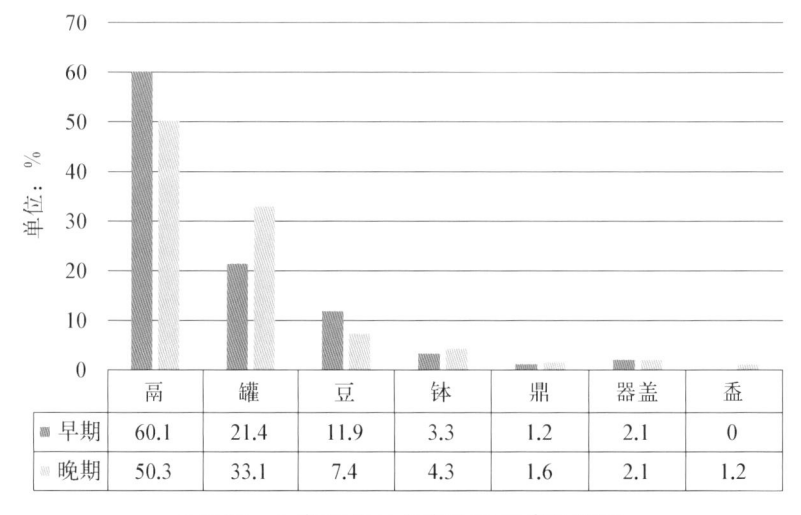

	鬲	罐	豆	钵	鼎	器盖	盂
早期	60.1	21.4	11.9	3.3	1.2	2.1	0
晚期	50.3	33.1	7.4	4.3	1.6	2.1	1.2

图五三 三板桥遗址各期陶器器类比例图

质红褐陶占5.91%，泥质灰陶占4.87%。就纹饰而言，以绳纹为主，占57.91%，间断绳纹次之，占22.01%，素面和附加堆纹再次之，比例较少，仅有8.33%和9.83%，偶见弦纹、指窝纹、席纹和方格纹，数量极少。在器类上，鬲占据绝对地位，占60.1%，陶罐次之，占21.4%，豆再次之，占11.9%，钵、鼎、器盖等数量较少。早期陶鬲可见A型、B型、C型鬲，口沿相对较短，肩部形态以弧肩、圆肩、鼓肩为主，足部以锥状足为主，柱状足次之。早期陶豆包含A型、B型、C型豆，Aa亚型喇叭圈足敛口陶豆仅见于早期，圈足相对较高，豆柄相对较粗。早期器盖包含A型、B型、C型器盖，A型圆饼捉手器盖仅见于早期，器盖腹部过渡圆滑，捉手较光滑。早期陶钵包含A型、B型钵，器腹相对较浅。陶罐未见双耳罐，折肩罐居多。

晚期：陶质、陶色方面，夹砂黑陶和夹砂灰陶比例相较于早期有所下降，分别占31.83%和24.56%，夹砂红褐陶比例显著上升，达到26.33%，三部分比例相较于早期更显均衡，但泥质陶比例仍是较小。其中泥质灰陶比例上升为6.48%，泥质黑陶和泥质红褐陶均有所下降，为5.3%和5.5%。纹饰方面，绳纹和间断绳纹仍占主要地位，但比例有所减少，分别为56.53%和17.34%，素面比例增加，占15.2%，方格纹、弦纹、席纹和戳印纹少见。器类上，陶鬲比例下降，但仍占半数，为50.3%，陶罐比例增加为33.1%，豆、钵、鼎、器盖和盉比例较少。此期的陶鬲包含A型、B型、C型、D型、E型鬲，新出现D型折肩陶鬲和E型直肩陶鬲，还出现了相对大型的肩部带有附加堆纹的陶鬲。晚期陶豆包含A型、B型、C型豆，仅见Ab亚型敞口豆，豆柄更趋矮粗，折沿相对于早期更加显著。晚期器盖包含B型、C型器盖，以圈足捉手和三钮捉手为主，圈足捉手趋深，三钮捉手的钮间距变小且钮部外撇，器盖腹部出现显著折痕。陶钵口底径比趋大，器腹变深。陶罐中出现双耳罐、束颈罐等。

从以上地层关系和出土陶器的演变过程可以得知，三板桥遗址可以分为早晚两期，这两期分别代表了遗址不同的发展阶段和历史进程。早晚两期是根据遗址整体和器物演变过程而划分，在特定器物上似乎还具备进一步区分的可能性。但由于层位证据和划分依据的不明显性，将三板桥遗址划分为早晚两期无疑是最符合层位和器物演变趋势的。

第三节 年代判断

通过对以上地层及器物的考察，将三板桥遗址分为早、晚两个发展阶段，现根据器物特征与周边同时期遗存进行对比，初步推定相对年代。绝对年代可参照北京大学碳十四实验室所做碳十四年代测定结果。

三板桥遗址出土C型鬲TN20E18⑦：5与霍邱堰台第三期Ea型Ⅱ式鬲T0710⑦：1形制类似，Aa型陶豆TN20E17⑥：2与霍邱堰台第三期T0809⑤：2形制类似，年代为江淮地区西周晚期至春秋早期[1]；折肩盆TN20E18④：18与六安堰墩T408⑤：30形制类似[2]，陶盉TN20E18⑦：1、

---

[1] 安徽省文物考古研究所：《霍邱堰台——淮河流域周代聚落发掘报告》，科学出版社，2010年，第369—379页。
[2] 安徽省文物考古研究所、六安市文物管理所：《安徽六安市堰墩西周遗址发掘简报》，《考古》2002年第2期。

TN20E18⑦:7与庐江大神墩T323③:1、T322③:1形制类似[1],年代为西周晚期或更晚。

通过比较,三板桥遗址早晚两期年代如下:

早期:西周晚期。

晚期:春秋早期。

遗址绝对年代可参考部分样本单位碳十四测定结果。(图五四)

Lab编号	样品原编号	样品	出土地点	碳十四年代(BP)	树轮校正后年代 1σ(68.2%)	树轮校正后年代 2σ(95.4%)
BA190013	2018TN01E02③:碳1	碳	安徽省合肥市庐江县三板桥	2410±25	509BC(68.2%)410BC	730BC(7.6%)692BC 659BC(1.2%)652BC 544BC(86.6%)402BC
BA190014	2018TN01E04 G1:碳1	碳		2400±25	507BC(3.8%)501BC 490BC(64.4%)406BC	728BC(1.5%)717BC 706BC(1.8%)694BC 542BC(92.2%)400BC
BA190015	2018TN20E14 F1:碳1	碳		2610±25	808BC(68.2%)792BC	816BC(95.4%)776BC
BA190016	2018TN20E18⑦:碳1	碳		2430±25	700BC(1.9%)696BC 540BC(66.3%)414BC	748BC(18.4%)685BC 666BC(5.5%)642BC 586BC(0.4%)581BC 556BC(71.1%)406BC

注:所用碳十四半衰期为5 568年,BP为距1950年的年代。

图五四 北京大学加速器质谱实验室、第四纪年代测定实验室碳十四测定数据

---

[1] 安徽省文物考古研究所、庐江县文物管理所:《庐江大神墩遗址发掘简报》,《江汉考古》2006年第2期。

第六章 结　　语

第一节　文化特征与文化因素分析

一、文化特征

（一）陶器

从遗物部分以及遗物分期中关于陶质、陶色、器类统计柱状图中可以看出,三板桥遗址陶器始终以夹砂陶为主,泥质陶较少。夹砂陶可分为红、黑、灰三类。早期阶段以夹砂黑、灰陶为主,各占大约35%。晚期阶段夹砂红陶数量比例显著上升,红、黑、灰三部分比例更为均衡。

早期纹饰以绳纹为主,如再加上间断绳纹和附加堆纹上的绳纹,绳纹比例可达90%以上。晚期纹饰依然以绳纹及间断绳纹为主流,但其比例有所减少,而素面比例增加,占15%。

陶器种类始终以鬲、罐、豆为主。早期阶段鬲占主流,占总量的60.1%,罐为21.4%,两者相加大于80%,数量最多。晚期阶段,鬲的比例有所下降,且此期鬲器形变小,比例下降到大约50%,罐比例有所上升,大约占30%,两者总量仍然大于80%,是三板桥遗址的主要器形。

早期陶鬲可见A型、B型、C型,口沿相对较短,肩部形态以弧肩、圆肩、鼓肩为主,足部以锥状足为主,柱状足次之。早期陶豆包含A型、B型、C型豆,Aa亚型喇叭圈足敛口陶豆仅见于早期,圈足相对较高,豆柄相对较粗。早期器盖包含A型、B型、C型,A型圆饼捉手器盖仅见于早期,器盖腹部过渡圆滑,捉手较光滑。早期陶钵包含A型、B型,器腹相对较浅。陶罐折肩罐居多,未见双耳罐。

晚期陶鬲包含A型、B型、C型、D型、E型,新出现D型折肩陶鬲和E型直肩陶鬲,还出现了相对大型的肩部带有附加堆纹的陶鬲。晚期陶豆包含A型、B型、C型,仅见Ab亚型敞口豆,豆柄更趋矮粗,折沿相对于早期更加显著。晚期器盖包含B型、C型,以圈足捉手和三钮捉手为主,圈足捉手趋深,三钮捉手的钮间距变小且钮部外撇,器盖腹部出现显著折痕。陶钵口底径比趋大,器腹变深。陶罐中出现双耳罐、束颈罐等。

（二）石器

三板桥遗址石器的质料主要是花岗岩、砂岩、绿松石等。种类以生产工具最多,有锛、斧、刀、镰、凿等。均为磨制石器,多数石器通体磨光,刃部尤为明显。另有两件石钺,分别以花岗岩和大理石制成,造型精美,石质细腻,推测有一定的礼仪功用。

(三)铜器

三板桥遗址铜器仅两件,均为兵器箭镞。

二、文化因素分析

(一)文化影响的历史背景

三板桥遗址位于江淮之间,淮河中游南岸,长江中下游北岸,东望巢湖。年代约相当于西周晚期至春秋早期。从地理位置来说,三板桥遗址位于大型流域——淮河与长江流域之间,自新石器时代始,就有南北、东西交流的传统,此地北通中原,并无天险阻隔,南邻长江,与长江下游文化亦有交流互动。

本地区在新石器时代受薛家岗文化以及海岱地区的大汶口文化影响较为普遍。至夏商时期,来自中原地区商文化的影响较为明显,这与商文化对南土的经略有很大关系。至周灭商后,本地区属于方国林立状态,主要有群舒、徐等方国。但春秋之后,此地区也成为各大国如楚、吴的争霸地区。

(二)三板桥遗址的文化因素

三板桥遗址中出土的折肩鬲,是周式鬲在江淮地区的变体,即"淮式鬲"[1];鬲式盉、三钮型器盖、折肩盆为代表的陶器群,属于江淮地区的土著文化因素;仿原始瓷豆的硬陶豆具有来自下游吴文化的因素;假腹豆、陶缸具有晚商文化因素。三板桥遗址受周文化因素影响较弱,遗址延续时间内始终以本地区土著文化因素为主流。

三板桥遗址出土C型鬲TN20E18⑦:5与霍邱堰台第三期Ea型Ⅱ式鬲T0710⑦:1形制类似,Aa型陶豆TN20E17⑥:2与霍邱堰台第三期T0809⑤:2形制类似,年代为江淮地区西周晚期至春秋早期[2];折肩盆TN20E18④:18与六安堰墩T408⑤:30形制类似[3],陶盉TN20E18⑦:1、TN20E18⑦:7与庐江大神墩T323③:1、T322③:1形制类似[4],年代为西周晚期或更晚。

第二节 三板桥遗址的形成与废弃

三板桥遗址呈碟形,边缘较高而中间较低。如北墩边缘地层最厚处达4.8米,台墩中部地层则较薄,可知遗址初建时地形并非为碟形台墩,属人为堆筑而成;遗址边缘地层有反复叠压堆积

---

[1] 王迅:《东夷文化与淮夷文化研究》,北京大学出版社1994年,第115页。高广仁、邵望平:《析中华文明的主源之一——淮系文化》,《东方考古(第一集)》,科学出版社,2004年,第14页。
[2] 安徽省文物考古研究所:《霍邱堰台——淮河流域周代聚落发掘报告》,科学出版社,2010年,第369—379页。
[3] 安徽省文物考古研究所、六安市文物管理所:《安徽六安市堰墩西周遗址发掘简报》,《考古》2002年第2期。
[4] 安徽省文物考古研究所、庐江县文物管理所:《庐江大神墩遗址发掘简报》,《江汉考古》2006年第2期。

的现象,这一现象广泛见于江淮地区的周代台型遗址中。对比霍邱堰台与三板桥遗址环境及地层情况,两者存在较大的相似性:四周高、中间低的台型结构,生活区反复叠压的地层,台地外侧的静水湖沼堆积以及壕沟。故推测江淮地区周代居民本邻水而居,随着距今2 700年前的气候变暖,湖沼水位上升,居民不断筑高遗址周边,但最终随着水域面积的扩大不得不放弃台型遗址[1]。

第三节 总　　结

庐江县周代遗存相关工作较少,三板桥遗址以及同期引江济淮文物保护工程相关遗址的发掘面积大、成果丰富,填补了这一方面的空白。为深入研究本地区的周代考古学文化补充了系统、丰富的资料。台型遗址的形态和分布具有鲜明的地方特色,聚落内部有分区、聚落间联系紧密,为研究两周之际江淮地区地方考古学文化面貌提供了资料。较为多样的文化面貌和清晰的器物发展脉络,亦具有研究"南淮夷""群舒"等问题的重要学术价值。

三板桥遗址出土器物表现出鲜明的地方特色,与中原地区周文化器物区别明显,为西周晚期至春秋早期淮河南岸地方文化的代表,与"南淮夷""群舒"有一定联系。铜镞的发现表明该遗址并非单纯的基层聚落,反映该遗址人群可能参与战争,两周之际"南淮夷""群舒"与周王室和吴楚等诸侯国长期保持敌对态势,规模较小的三板桥遗址表现出一定的军事色彩,为研究"南淮夷""群舒"基层社会组织结构提供重要资料。

---

[1] 杨晓燕、石军民、夏正楷:《堰台遗址古环境背景及其对人类活动的影响》,《霍邱堰台——淮河流域周代聚落发掘报告》,科学出版社,2010年,第416—422页。

附录一　安徽庐江三板桥遗址浮选鉴定结果

厦门大学科技考古实验室

一、采样与浮选

为了科学、系统地获取三板桥遗址中埋藏的植物遗存,对三板桥遗址开展植物考古研究,首要工作便是浮选土样的采集。考虑到发掘现场的实际情况,我们选用针对性采样法,即针对性地选择遗址中各种不同埋藏背景的遗迹现象进行采样。采样范围包括灰坑、灰沟、房址、灶以及陶器内部,共采集样品24份,总土量达269升,平均每份土样约11升。

土样采集工作伴随着2018年三板桥遗址的田野发掘进度而开展,期间针对性地对遗址西墩③层及北墩⑤层及以下的文化层与部分遗迹进行了采样。经过后期单位合并,确认这批土样分属15个不同单位。(表4)土样用较透气的尼龙编织袋收集,放置于驻地库房经过自然阴干。阴干后的土样在当地进行浮选,使用的浮选方法为小水桶浮选法。浮选样品在当地阴干后,带回厦门大学科技考古实验室进行分选、种属鉴定以及分析。

表4　三板桥遗址浮选样品来源统计表

来源	灰坑	灶	房址	灰沟	陶器	文化层	合计
单位数量	5	1	2	1	1	5	15
土样份数	5	1	4	1	1	12	24
土量(升)	58	11	40.5	14	0.5	145	269

二、分选与镜检

样品的筛选共通过三层分样筛,每层规格分别为10目(孔径2毫米)、20目(孔径0.9毫米)、40目(孔径0.45毫米)。过筛分选之后依次对每份样品进行显微镜下检视,使用的显微镜型号为OLYMPUS SZ6体视显微镜。镜检剔除混入的现代杂草、植物根系,挑拣出木炭、种子、果实等遗存,并对大于1毫米的炭屑进行称重记录。之后是对各类植物遗存进行种属鉴定,种属鉴定主要参考已出版的各类相关植物图鉴,以及对比科技考古实验室收集的植物标本。鉴定结束后,从中

选择较为重要的植物遗存进行拍照与测量。(彩版三〇)

三、浮选结果

浮选法能够有效地帮助我们从遗址中寻找与发现植物遗存,然而在遗址的堆积过程以及埋藏过程中,植物遗存能够保留下来的机会并不均等,采样、提取过程中也不可避免存在误差。为了尽可能科学合理地解释浮选结果,需要运用恰当的统计方法进行定量分析。本文在进行植物遗存绝对数量的统计时,遵循这一原则:关于非农作物遗存,保留特征部位且保存状况大于1/2者,计作数量1;关于水稻,保存状况大于1/2者即计为数量1。小于1/2而大于1/3者,每3粒算作数量1;关于粟,留有明显胚区且整体保存状况大于1/2者可计为数量1。

三板桥遗址共浮选24份样品,分别属于15个单位,大部分归属遗址的早期堆积[①]。其中北墩⑧层的浮选结果中还发现了部分未炭化的植物遗存。三板桥遗址浮选结果主要包括三类植物大遗存:炭化木屑、植物种实与其他遗存。

(一)炭化木屑

炭化木屑主要指于遗址中未充分燃尽的木料残余,可能来源于薪柴、建筑木料或者其他用途的植物枝干等。结果显示,三板桥遗址浮选样品所含的炭屑共132.61克,出土概率为100%,平均密度为0.49克/升。遗址中炭屑密度最高的单位为北墩⑧层堆积以及F3居住面,分别为3.19克/升与2.27克/升。

(二)植物种子和果实

植物种子和果实是三板桥遗址浮选工作的最大收获,浮选出各种植物种实共计584粒(枚),包括农作物类与非农作物类,统计结果见表5。可鉴定的植物种实共计567粒(枚),占全部种子果实的97.09%,余下的种子因为可鉴定特征不明显,或者过于破碎而失去特征,计入未知。

表5 三板桥遗址出土植物遗存统计表

分 类	种 属	绝对数量(粒)	数量百分比	出土概率
农作物	稻(*Oryza sativa*)	78	13.36%	73.91%
	水稻小穗轴(Rice spikelet base)	508	—	21.74%
	粟(*Setaria italica*)	136	23.29%	30.43%
莎草科	碎米莎草(*Cyperus iria*)	34	5.82%	4.35%
	其他	6	1.03%	8.69%

[①] 仅有SBQ_01号样品采自的H6属于遗址晚期堆积,共采集1份土样,浮选中发现1粒水稻、2个小穗轴以及若干炭屑,其浮选结果不纳入本文的统计结果中。

续表

分　类	种　　属	绝对数量（粒）	数量百分比	出土概率
马齿苋科	马齿苋（Portulaca oleracea）	169	28.94%	8.69%
葫芦科	甜瓜（Cucumis melo）	1	0.17%	4.35%
蓼科	酸模叶蓼（Polygonum lapathifolium）	26	4.45%	20.83%
	其他	2	0.34%	4.35%
藜科	藜属（Chenopodium）	21	3.60%	4.35%
葡萄科	葡萄属（Vitis）	1	0.17%	4.35%
蔷薇科	桃（Prunus persica）	2	0.34%	4.35%
	李（Prunus salicina）	1	0.17%	4.35%
	悬钩子属（Rubus）	14	2.40%	8.69%
唇形科	紫苏（Perilla frutescens）	6	1.03%	4.35%
酢浆草科	酢浆草（Oxalis corniculata）	22	3.77%	4.35%
泽泻科	泽泻科（Alismataceae）	2	0.34%	4.35%
毛茛科	毛茛（Ranunculus japonicus）	9	1.54%	4.35%
菊科	泥胡菜（Hemistepta lyrata）	1	0.17%	4.35%
马鞭草科	马鞭草（Verbena officinalis）	31	5.31%	4.35%
禾本科	毛马唐（Digitaria ciliaris）	5	0.86%	4.35%
未知		17	2.91%	13.04%

（数量百分比精确到小数点后两位，水稻穗轴基盘不纳入种子数量百分比统计）

1. 农作物

三板桥遗址的农作物遗存包括稻和粟两类，其中稻78粒，粟136粒，合计214粒，占出土植物种实的36.64%。

1.1 稻（Oryza sativa）

禾本科稻属。三板桥遗址发现炭化水稻遗存共计78粒，占农作物总数的36.45%，占出土植物种实的13.4%，出土概率为73.91%，出土平均密度为0.29粒/升。从中抽取15粒较完整的炭化稻米进行测量，结果显示三板桥遗址出土稻粒的平均长度为5.21毫米，平均宽度为3.03毫米，平均厚度为2.5毫米，平均长宽比为1.72毫米。可能属于粳稻。

1.2 粟（Setaria italica）

禾本科黍亚科狗尾草属，一年生草本植物，又称"小米""谷子"，是我国北方地区常见的旱地作物。浮选发现炭化粟共计136粒，占农作物总数的63.55%，占出土植物种实的23.37%，出土概率为30.43%，密度约为0.5粒/升。发现的几乎都为无壳颖果遗存，有不同程度的爆裂现象，粟粒整体近似圆球状，背部较平，胚区呈近似U形，大于颖果的2/3。

2. 非农作物种子与果实

发现的非农作物遗存包括酸模叶蓼、酢浆草、马齿苋等杂草以及桃、李、甜瓜、葡萄属等可食用的果类，共计351粒（枚），占出土植物种实的60.1%。

2.1 莎草科（Cyperaceae）

碎米莎草（Cyperus iria），莎草属，一年生草本，是常见于田间、路旁潮湿处的一种杂草。共发现34粒碎米莎草种子，占非农作物种子的9.68%，出土概率为4.35%。种子呈倒卵形，三棱状，平均长1.18、宽0.51毫米。

另外发现其他莎草属种子6粒，果实呈三棱形，未鉴定到种。

2.2 马齿苋科（Portulacaceae）

马齿苋（Portulaca oleracea），一年生草本。我国南北各地均产，耐旱涝，为路旁、田间常见杂草。共发现马齿苋种子169粒，占非农作物种子的48.19%，出土概率为8.69%。种子呈卷卵形，表面具小疣状凸起，平均直径小于1毫米。

2.3 蓼科（Polygonaceae）

酸模叶蓼（Polygonum lapathifolium），蓼属，一年生草本。广布于我国南北各省区，生于田边、路旁、水边或沟边湿地。共发现酸模叶蓼种子26粒，占非农作物种子的7.41%，出土概率为20.83%。种子呈宽卵形，两面中部凹陷，黑褐色，有光泽，平均长约2毫米。

另外还发现2粒蓼科植物种子，种子近椭圆形，未鉴定到属。

2.4 藜科（Chenopodiaceae）

藜属（Chenopodium），一年生或多年生草本。本次共发现藜属种子21粒，占非农作物种子的5.98%，出土概率为4.35%。种子呈双凸透镜形，表面平滑有光泽，平均直径约1.03毫米。

2.5 唇形科（Lamiaceae）

紫苏（Perilla frutescens），紫苏属，一年生直立草本，为田野常见杂草。紫苏在我国栽培极广，可供药用和香料用，叶可供食用。共发现6粒，占非农作物种子的1.71%，出土概率为4.35%。种子呈近球形，灰褐色，平均直径约1.2毫米，表面有网纹。

2.6 酢浆草科（Oxalidaceae）

酢浆草（Oxalis corniculata），酢浆草属，一年生草本。生于田间、路旁、河谷沿岸等。全草可供入药。共发现22粒酢浆草种子，占非农作物种子的6.27%，出土概率为4.35%。种子为阔椭圆形，呈褐色，表面具波浪状横棱，纹间深且宽，平均长1.35、宽0.84毫米。

2.7 泽泻科（Alismataceae）

多年生，稀一年生，沼生或水生草本。共发现2粒泽泻科种子，占非农作物种子的0.57%，出土概率为4.35%。种子呈褐色偏紫，椭圆形，表面有皱纹，胚呈折叠状态。

2.8 毛茛科（Ranunculaceae）

毛茛（Ranunculus japonicus），多年生草本，多生长于田沟旁以及林缘路边的湿草地中，在我国除西藏外的各省区广布。共发现9粒毛茛种子，占非农作物种子的2.56%，出土概率为4.35%。种子为扁阔卵形，边缘有棱，表面为淡黄褐色，平均长2.2、宽1.7毫米。

2.9 菊科（Asteraceae）

泥胡菜（Hemisteptia lyrata），泥胡菜属，一年生草本。生于田间、路旁、河边等处，分布于我国除西藏、新疆外的各省区。共发现1粒泥胡菜种子，占非农作物种子的0.28%，出土概率为4.35%。种子呈倒卵状椭圆形，表面具有数道纵向脊棱，平均长1.92、宽0.75毫米。

2.10 马鞭草科（Verbenaceae）

马鞭草（Verbena officinalis），马鞭草属，多年生草本。常生长在路边、山坡、溪边或林旁。共发现31粒，占非农作物种子的8.83%，出土概率为4.35%。种子呈三棱状圆柱形，赤褐色，平均长1.65、宽0.64毫米。

2.11 禾本科（Gramineae）

毛马唐（Digitaria ciliaris），马唐属，一年生草本。多生于田间和荒地，为野生杂草。共发现5粒，占非农作物种子的1.42%，出土概率为4.35%。种子呈披针形，平均长约2.2毫米。

2.12 葫芦科（Cucurbitaceae）

甜瓜（Cucumis melo），黄瓜属，一年生匍匐或攀援草本，花果期为夏季。共发现1粒甜瓜籽，占非农作物种子的0.28%，出土概率为4.35%。种子呈长卵形，表面光滑，呈暗黄色。籽粒长约7.3、宽约2.8毫米。

2.13 葡萄科（Vitaceae）

葡萄属（Vitis），木质藤本。本属若干野生种类，根、茎、叶或果可作药用，果可食或酿酒。共发现1粒葡萄属种子，占非农作物种子的0.28%，出土概率为4.35%。种子呈倒卵圆形，长3.55、宽2.67毫米，基部有短喙，腹面两侧洼穴狭窄呈沟状。

2.14 蔷薇科（Rosaceae）

桃（Prunus persica），乔木。生于低山、丘陵或河谷。原产我国，各省区广泛栽培。花期为3~4月，果实成熟期因品种而异，通常在8~9月。共发现2枚桃核，占非农作物种子的0.56%，出土概率为4.35%。果核近圆形，表面有沟纹和孔穴，第一枚长2.6、宽1.76毫米，第二枚长1.89、宽1.33毫米。

李（Prunus salicina），李属，落叶乔木。我国各省及世界各地均有栽培，为重要温带果树之一。花期为4月，果期7~8月。共发现1枚李核，占非农作物种子的0.28%，出土概率为4.35%。果核为卵球形，有皱纹，长1.98、宽1.26毫米。

悬钩子属（Rubus）。本属有些种类的果实多浆，味甜酸，可供食用。共发现14粒，占非农作物种子的3.98%，出土概率为8.69%。种子呈肾形，表面有网状凹坑，平均长1.46、宽0.8毫米。

（三）其他

在炭屑、植物种子和果实之外，浮选结果中还发现了两样遗存，分别为水稻小穗轴与炭化竹。

1. 水稻小穗轴

小穗轴是承托稻谷的部位,是稻谷与稻秆小枝梗的连接处。小穗轴与水稻籽粒一一对应,为稻米的生长输送养分。作为水稻脱壳的废弃物,小穗轴体积较小,相较稻谷而言,更容易在遗址中保存下来。小穗轴的出土情况,可能指示着遗址先民对水稻加工的行为。在三板桥遗址浮选结果中发现了较多的小穗轴,共计508个,出土概率为21.74%。

作为一处历史时期遗址,从常规逻辑出发,浮选结果中的炭化稻理应是驯化稻,但不妨从小穗轴角度略作考察。观察三板桥遗址出土的小穗轴形态,基盘底部内凹且粗糙,符合栽培稻的小穗轴特征。

2. 炭化竹

炭化竹残长约4、宽约1.5毫米。发现于SBQ17号浮选样品的重浮部分。

竹子属禾本科竹亚科,植物体木质化,常呈乔木或灌木状。竹亚科就狭义而言,计有70余属1000种左右,一般生长在热带、亚热带至暖温带地区,尤以季风盛行的地区为多。我国除引种栽培者外,已知有37属500余种,其自然分布限于长江流域及其以南各省区,少数种类还可向北延伸至秦岭、汉水及黄河流域各处。

附录二 安徽庐江三板桥遗址出土动物遗存鉴定结果

厦门大学科技考古实验室

2018年安徽庐江三板桥遗址出土了一批动物遗存,厦门大学科技考古实验室邀请中山大学社会学与人类学学院余翀副教授帮助鉴定了一批哺乳动物骨骼。具体鉴定结果如下:

一、动物遗存出土简况

三板桥遗址中出土的动物骨骼遗存共计70件。其中,可鉴定至种属的标本共59件。另有若干软体动物遗存。因为三板桥遗址北墩⑧层为饱水环境,有利于骨骼的保存,共68件动物骨骼均发现于这一单位。

二、种属鉴定及描述

(一)哺乳动物

1. 猪科(*Suidae*)

(1)家猪(*Sus domesticus*)

此类骨骼标本共出土了39件。最小个体数为10。

下颌骨,共9件。2018SNDTN20E16⑧:b13(彩版三一,1),右侧下颌骨。标本牙齿保留有P2—M2,P4已使用,M2磨蚀较重;2018SNDTN20E18⑧:b3,右侧下颌骨。标本牙齿保留有P4—M1,P4已使用,M2已完全磨蚀;2018SNDTN20E18⑧:b6+b5,右侧下颌骨。标本牙齿保留有P4—M3;2018SNDTN20E18⑧:b17,右侧下颌骨。标本牙齿保留有P3—M1,M1完全磨蚀;2018SNDTN20E18⑧:b21,右侧下颌骨。标本牙齿保留有M1—M3;2018SNDTN21E19⑧:b55,左侧下颌骨。标本牙齿保留有C+P2—M3,或为雄性,生前存在牙齿脱落现象;2018SNDTN20E18⑧:b44,左侧下颌骨。标本残损严重,属幼年个体;2018SNDTN21E19⑧:b29,左侧下颌骨。标本牙齿保留有I1—I3+C+dp2—dp4+M1,M1磨损严重;2018SNDTN20E18⑧:b47,左侧下颌骨。标本牙齿保留有C+dp2—dp4+M1,M1完全磨损。

胫骨,共5件。2018SNDTN20E18⑧:b39,右侧胫骨,标本长178.68毫米,近端宽46.97毫米,

远端宽25.95毫米,近端有切割痕,近端骺线形成,远端愈合;2018SNDTN20E18⑧：b8-1,左侧胫骨,标本长126.96毫米,近端宽30.65毫米,远端宽19.84毫米,近端有切割痕,近端未愈合,远端愈合;2018SNDTN20E18⑧：b48+b49,左侧胫骨,标本残长82.71毫米,近端宽54.69毫米,远端残宽20.94毫米,近端关节面尚未完全愈合;2018SNDTN21E18⑧：b40,右侧胫骨,标本长123.68毫米,近端宽34.53毫米,远端宽26.20毫米,两端关节面尚未愈合;2018SNDTN20E19⑧：b10,右侧胫骨,标本残长111.56毫米,近端残宽18.31毫米,远端宽23.69毫米。

距骨,共1件。2018SNDTN20E18⑧：b8-2,左侧距骨,与2018SNDTN20E18⑧：b8-1可拼合,属同一个体,远端有切割痕。

桡骨,共4件。2018SNDTN20E19⑧：b38-1,右侧桡骨,近端略有破损,标本长118.84毫米,近端宽29.72毫米,远端宽25.90毫米,近端关节面愈合,远端尚未愈合;2018SNDTN20E18⑧：b27-1,左侧桡骨近端,残长56.75毫米,骨体前侧面有一条砍痕。近端最大宽29.55毫米,近端关节面愈合;2018SNDTN20E18⑧：b23,左侧桡骨,标本长165.87毫米,近端最大宽36.15毫米,远端最大宽29.71毫米,骨体近远端前侧有数道切割痕,近端关节面愈合,远端骺线闭合;2018SNDTN20E18⑧：b14,左侧桡骨,骨体长110.30毫米,近端宽26.29毫米,远端宽24.79毫米,近端关节面前侧边缘有切割痕,近端愈合,远端尚未愈合。

尺骨,共6件。2018SNDTN20E19⑧：b38-2,右侧尺骨,长119.88毫米,两端关节面尚未愈合,与2018SNDTN20E19⑧：b38-1同属一个体;2018SNDTN20E18⑧：b27-2,左侧尺骨近端,残长114.26毫米,近端未愈合,远端外侧边缘有砍痕,与2018SNDTN20E18⑧：b27-1同属一个体;2018SNDTN20E18⑧：b24+b34,左侧尺骨,远端关节面前侧有切割痕,两端关节面已愈合,与2018SNDTN20E18⑧：b23属同一个体;2018SNDTN20E18⑧：b15,左侧尺骨,骨体长147.57毫米,远端关节面侧面略有破损,边缘有切割痕,两端尚未愈合,与2018SNDTN20E18⑧：b14属同一个体;2018SNTN20E18⑧：b53,右侧尺骨,长139.21毫米,两端关节面尚未愈合;2018SNDTN20E18⑧：b28,左侧尺骨近端。残长97.79毫米,靠近远端背面有砍痕,近端关节面尚未愈合。

肱骨,共5件。2018SNDTN20E19⑧：b37,右侧肱骨近端。标本残长94.75毫米,近端宽56.79毫米,近端骺线闭合;2018SNDTN20E16⑧：b12,左侧肱骨。骨体长139.20毫米,近端宽42.92毫米,近端未愈合,远端骺线闭合;2018SNDTN20E18⑧：b16,左侧肱骨远端。骨体残长75.88毫米,远端宽39.69毫米,远端关节面愈合;2018SNDTN19E18⑧：b50,左侧肱骨远端。骨体残长99.01毫米,远端宽50.37毫米,远端关节面愈合;2018SNDTN20E19⑧：b9,右侧肱骨远端。骨体残长75.71毫米,远端关节面外侧略有破损,远端已愈合。

腓骨,共1件。2018SNDTN20E18⑧：b32,标本长171.06毫米。

股骨,共2件。2018SNDTN20E19⑧：11,右侧股骨。标本长106.57毫米,近端宽31.11毫米,远端宽29.72毫米,两端尚未愈合;2018SNDTN20E18⑧：b1,左侧股骨。标本长88.09毫米,近端宽24.09毫米,远端宽20.54毫米,两端尚未愈合。

髂骨,共2件。2018SNDTN20E18⑧：b31,标本外侧最长处108.16毫米;2018SNDTN20E18⑧：

b18，标本残长86.24毫米。

脊椎，共4件。分别为2018SNDTN20E19⑧：b35（彩版三一，5）、2018SNDTN20E19⑧：b2-1、2018SNDTN20E19⑧：b2-2、2018SNDTN20E18⑧：b43。

2. 犬科（Canidae）

狗（Canis familiaris）

此类标本共出土了11件。最小个体数为5。

下颌骨，共9件。2018SNDTN20E18⑧：b19-5，左侧下颌骨。牙齿保留有I+C+P1—M3；2018SNDTN20E18⑧：b19-2，左侧下颌骨。牙齿保留有I+C+P1—M3；2018SNDTN20E18⑧：b20-2，左侧下颌骨。牙齿保留有C+P1—M3；2018SNDTN20E18⑧：b20-3，左侧下颌骨。牙齿保留有C+P1—M3；2018SNDTN20E18⑧：b20-4，右侧下颌骨。牙齿保留有C+P1—M3；2018SNDTN20E18⑧：b20-1，右侧下颌骨。牙齿保留有C+P1—M3；2018SNDTN20E18⑧：b19-4（彩版三一，2），右侧下颌骨。牙齿保留有I+C+P1—M3；2018SNDTN20E18⑧：b19-3，右侧下颌骨。牙齿保留有C+P1—M3；2018SNDTN20E18⑧：b19-1，右侧下颌骨。牙齿保留有C+P1—M3。

胫骨，共1件。2018SNDTN20E18⑧：b54（彩版三一，6），左侧胫骨。标本长144.16毫米，近端宽24.25毫米，远端宽19.28毫米，两端关节面已愈合。

股骨，共1件。2018SNDTN20E18⑧：b41，左侧股骨远端，骨体残长88.31毫米，远端宽31.91毫米，远端关节面愈合。

3. 牛科（Bovidae）

此类标本共出土2件。最小个体数为1。

游离臼齿，共1件。2018SNDTN22E15⑦：b58。

胫骨，共1件。2018SNDTN19E18⑧：b51（彩版三一，3），左侧胫骨远端，残长140.81毫米，远端宽81.15毫米，远端关节面愈合，骨骼矿化程度较深。

4. 鹿科（Cervidae）

此类标本共发现5件。最小个体数为2。

（1）鹿（Cervus sp.）

游离臼齿，共1件。2018SWDTN06E03②：b00。

股骨，共2件。2018SNDTN20E18⑧：b22，左侧股骨远端。骨体残长50.62毫米，远端愈合；2018SNDTN20E18⑧：b46，左侧股骨远端。骨体残长101.91毫米，远端已愈合。

（2）梅花鹿（Cervus nippon）

梅花鹿角，出土2件。2018SNDTN21E18⑧：b52（彩版三一，4），主枝残高6.90毫米，眉枝较完整，长14.40毫米，保留部分角环、角盘，角盘直径5.40毫米，周长15.10毫米，角盘到第一虎口距离6.65毫米，角盘外侧有砍痕；2018SNDTN21E19⑧：b56，保留部分主枝22毫米，第三枝长3.50毫米，残部底径2.50毫米，周长8.70毫米，断面有砍痕。

5. 其他

另有11件动物骨骼为大、中型哺乳动物骨骼，无法鉴定至种、属一级。

（二）鸟类

此类标本共发现2件。最小个体数为2。

中型鸟肱骨，2018SNDTN2018⑧：b7，右侧肱骨，长83.91毫米。

大型鸟肱骨，2018SNDTN2018⑧：b33，右侧肱骨近端，残长156.22毫米。

（三）软体动物

中国圆田螺（*Cipangopaludina chinensis*）

此类标本发现若干件，出土于2018SNDTN20E17、TN20E18与TN20E19的⑧层堆积中，仅残余软化的螺壳。选取10枚测量取其平均数据，螺塔高22.84毫米，螺体高20.56毫米，最大宽29.63毫米。

附录三 安徽庐江三板桥遗址残留物检测报告

厦门大学科技考古实验室

SEM-EDS(扫描电子显微镜和能谱)分析方法能够对微小区域所含的元素进行定性或定量分析,为解决相关的考古学问题,我们对三板桥遗址发掘过程中采集的两份样品进行取样与前处理,随后在厦门大学分析测试中心进行SEM-EDS分析。分析所用仪器为德国里奥电镜有限公司生产的LEO-1530扫描电子显微镜系统,以及Oxford Instrument ISIS 300^{TM} EDS,加速电压为20 kV。

一、木炭附着物分析

在遗址北墩的发掘过程中与植物考古实验室对浮选样品的镜检过程中,我们注意到北墩⑧层出土的部分木炭附着有蓝色物质,在显微镜下呈蓝色晶体状态。为了解其成分,选取一片附着该物质的木炭样品,在厦门大学分析测试中心进行SEM-EDS分析。

三板桥遗址北墩⑧层的蓝色晶体

分析结果经过归一化,该物质的组成应为[$Fe_3(PO_4)_2·8H_2O$],可能为蓝铁矿。蓝铁矿易形成于有机质较多的泥沼等厌氧、饱水、偏向于还原性的沉积环境中。遗址发掘过程中确实发现了淤泥状堆积,蓝铁矿的产生应与遗址的埋藏环境密切相关。

二、坩埚残留物分析

遗址中出土了一件盔形疑似坩埚的器物(TN06E05④:2),为探究其可能用途,我们采集了坩埚内壁的胶结物、青灰色物质以及底部残留物,经烘箱脱水后送检,检测结果如下:

1号样品:坩埚内壁的胶结物含有较多的铁元素,且未发现铜元素。

元素	重量百分比	原子百分比
C K	4.04	6.88
O K	47.75	61.03
Na K	0.39	0.35
Mg K	0.36	0.30
Al K	8.73	6.62
Si K	27.20	19.80
P K	1.19	0.79
K K	2.24	1.17
Ca K	0.39	0.20
Ti K	0.88	0.38
Fe K	6.83	2.50
总量	100.00	

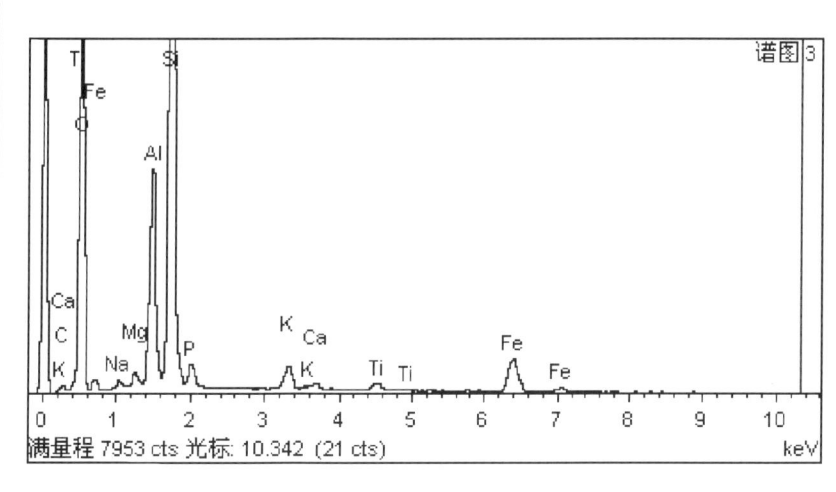

2号样品：坩埚内壁青灰色物质的元素组成呈现出的特征与前者一致。

元素	重量百分比	原子百分比
C K	0.71	1.22
O K	52.24	67.07
Na K	0.54	0.48
Mg K	0.64	0.54
Al K	9.48	7.2
Si K	25.50	18.65
P K	1.61	1.07
K K	1.57	0.83
Ca K	0.36	0.18
Ti K	0.77	0.33
Fe K	6.59	2.42
总量	100.00	

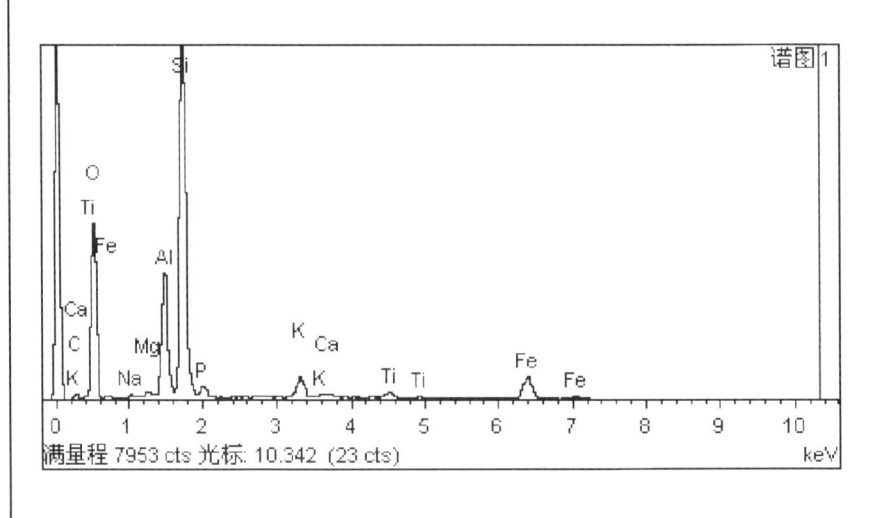

3号样品：坩埚底部残留物，其结果十分特殊，元素组成中的铁元素含量很高，远远高于地壳中的铁元素常量。这部分残留物可能为铁矿渣乃至铁单质。

元素	重量百分比	原子百分比
C K	3.39	6.35
O K	47.48	66.81
Na K	0.30	0.29
Mg K	0.23	0.22
Al K	3.82	3.18
Si K	11.47	9.19
P K	1.26	0.92
K K	0.45	0.26
Ca K	0.21	0.12
Fe K	31.39	12.6
总量	100.00	

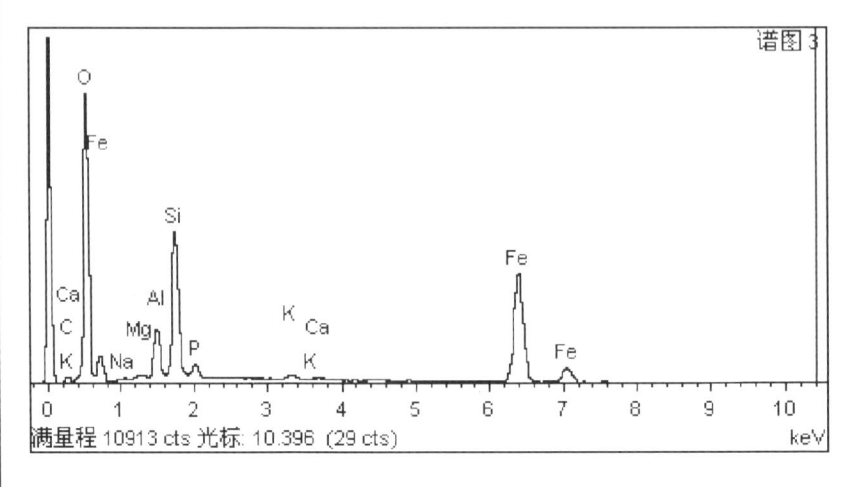

彩　版

1. 三板桥遗址发掘前总航拍图（垂直、上为北）

2. 三板桥遗址东墩发掘区航拍图（垂直、上为北）

三板桥遗址远景与航拍

彩版二

1. 三板桥遗址东墩远景（镜头向西北）

2. 三板桥遗址西墩发掘区航拍图（垂直、上为北）

三板桥遗址远景与航拍

1. 三板桥遗址北墩发掘区航拍图（垂直、上为北）

2. 三板桥遗址北墩发掘区远景（水平、上为北）

三板桥遗址远景与航拍

彩版四

1. 东墩TS04E21南壁剖面（水平、镜头向南）

2. 西墩TN01E06南壁剖面（水平、镜头向南）

三板桥遗址地层剖面与壕沟航拍

1. 北墩TN20E18南壁剖面（水平、镜头向南）

2. 三板桥遗址北墩下壕沟（垂直、上为北）

三板桥遗址地层剖面与壕沟航拍

彩版六

1. F1（垂直、上为北）

2. F3（垂直、上为北）

遗迹

1. G1（垂直、上为北）

2. G2（垂直、上为北）

遗迹

彩版八

1. H2（垂直、上为东）

2. H5、H6（垂直、上为北）

遗迹

1. H7（垂直、上为北）

2. H8（垂直、上为北）

遗迹

彩版一〇

1. H9（垂直、上为西）

2. H11（垂直、上为南）

遗迹

1. H12（垂直、上为北）

2. Z1（垂直、上为北）

遗迹

彩版一二

1. F3出土木骨泥墙残片

2. 草编器样本1

3. 草编器样本2

遗迹

彩版一三

1. 黑陶管状器 TN21E21⑥：1

2. 黑陶豆柄 TN23E14⑦：1

3. 假腹豆残片 TN01E04③：3

4. 鸭型壶 TN21E16⑥：1

5. 红陶杯 TN21E21⑥：2

史前时期遗物

彩版一四

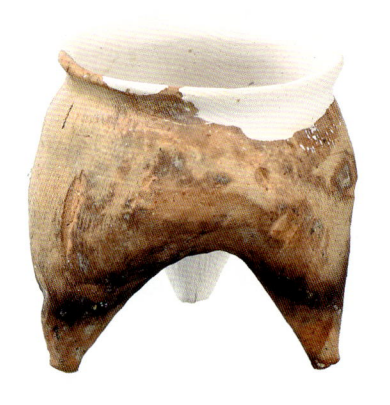

1. A型鬲 TN20E14④：1

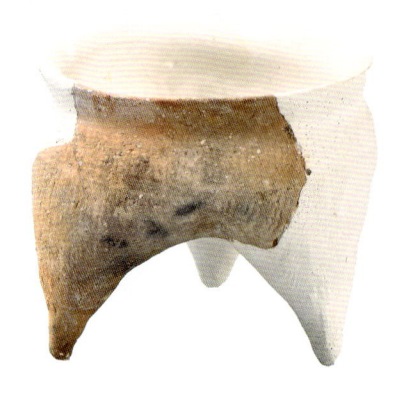

2. A型鬲 TN20E19④：4

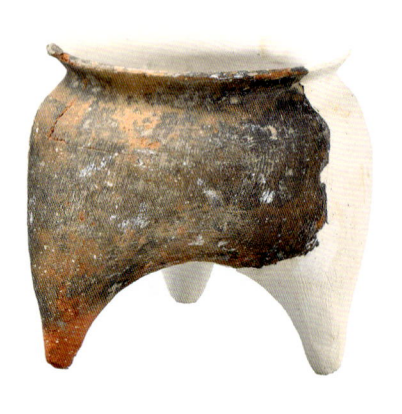

3. A型鬲 TN23E20④：1

4. A型鬲 TN20E19⑥：1

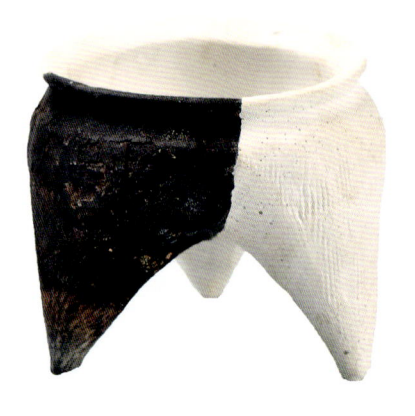

5. A型鬲 TN21E20④：1

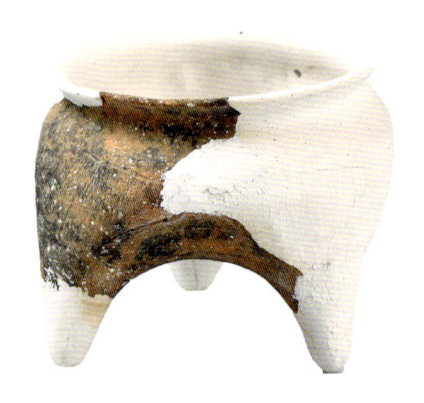

6. A型鬲 TN23E20④：3

陶鬲

彩版一五

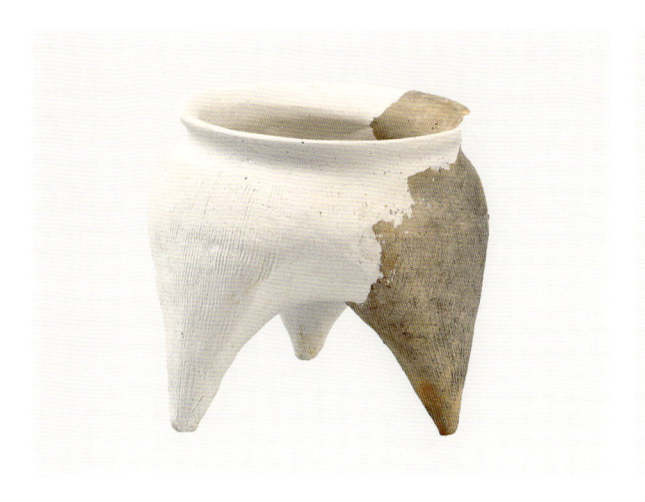

1. A型鬲 TN20E19④：1

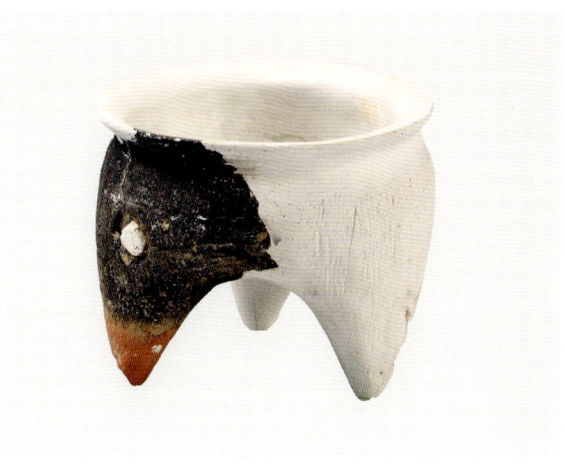

2. A型鬲 TN06E06④：1

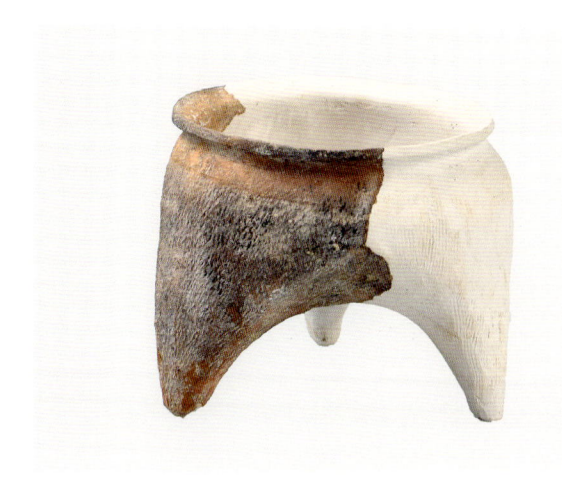

3. A型鬲 TN21E15②：2

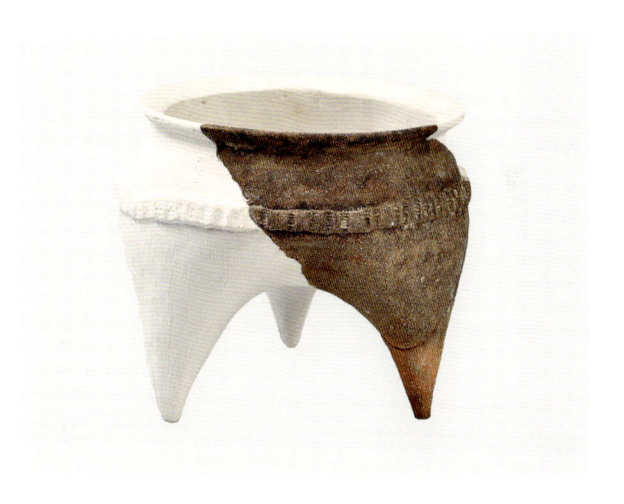

4. B型鬲 TN21E15③：1

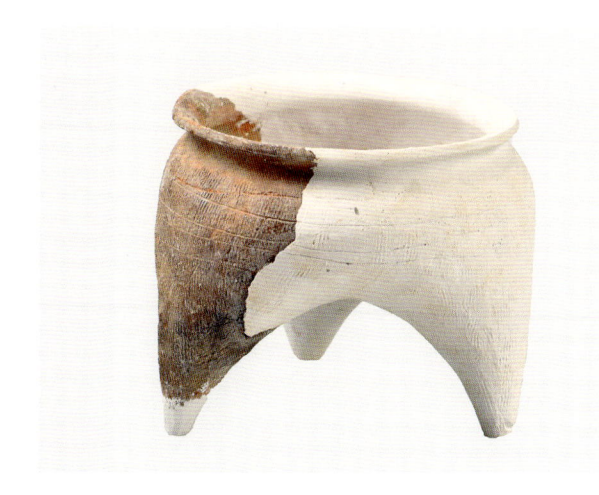

5. B型鬲 TN20E19④：3

6. B型鬲 TN20E18⑥：2

陶鬲

彩版一六

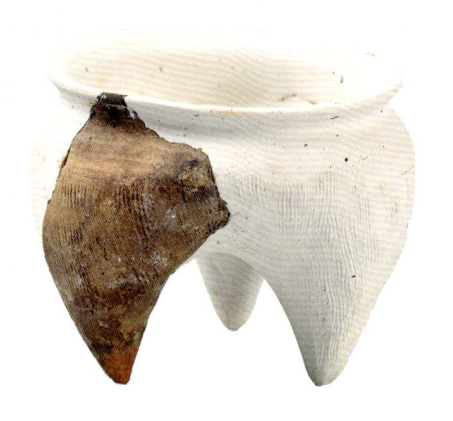

1. B型鬲 TN23E14③:1

2. C型鬲 TN20E18⑦:10

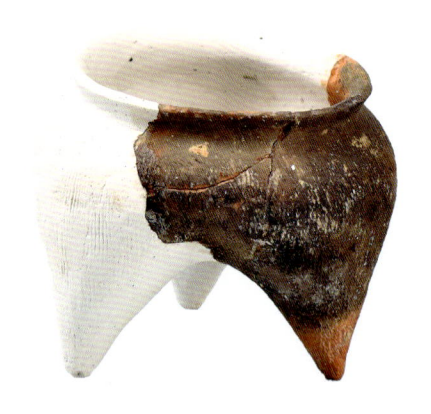

3. C型鬲 TN22E20③:1

4. C型鬲 TN20E21②:1

5. C型鬲 TN20E18⑦:5

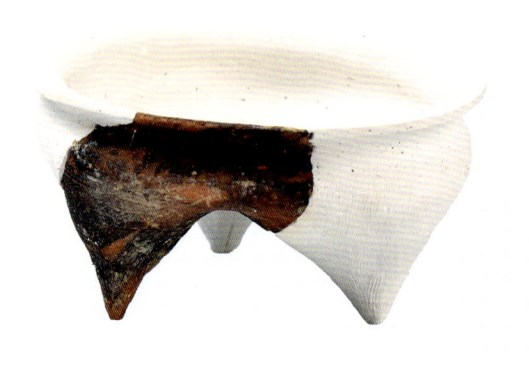

6. D型鬲 TN22E18④:4

陶鬲

彩版一七

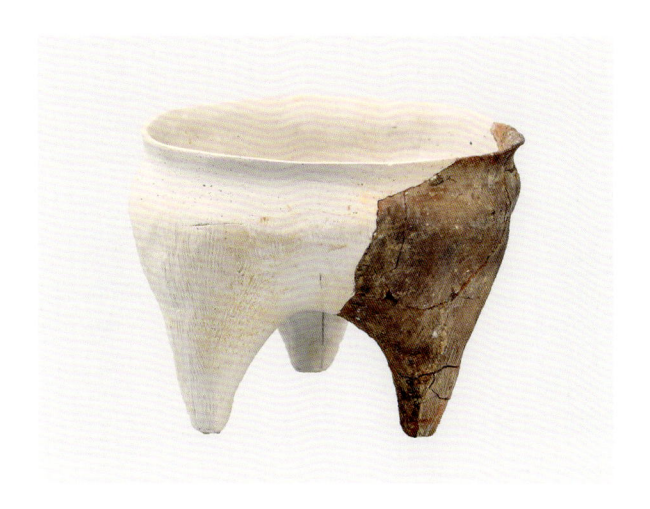

1. D型鬲 TN23E14③：2

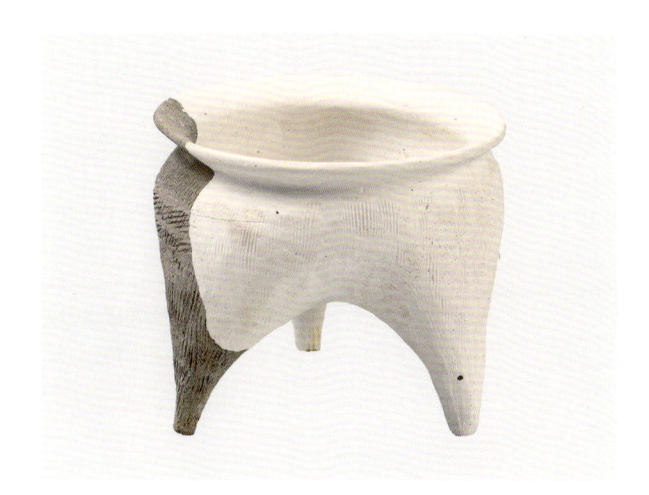

2. D型鬲 TN21E19④：2

3. E型鬲 TN21E19④：1

陶鬲

彩版一八

1. Aa型豆 TN20E13⑥:1

2. Aa型豆 TN20E17⑥:1

3. Aa型豆 TN20E17⑥:2

4. Ab型豆 TN20E14⑤:1

5. Ab型豆 TN21E18③:2

6. Ab型豆 TN21E18④:1

陶豆

彩版一九

1. B型豆 TN20E19⑥：2

2. B型豆 TN21E18④：3

3. B型豆 TN21E18③：3

4. C型豆 TN20E16⑥：1

5. C型豆 TN20E19④：2

陶豆

彩版二〇

1. 盉 TN20E18⑦:1

2. 盉 TS04E20②:1

3. 盉 TN20E18⑦:7

4. 盉 TN20E18⑦:7

陶盉

彩版二一

1. A型钵 TN21E18⑥∶1

2. A型钵 TN20E18④∶2

3. A型钵 TN02E04②∶1

4. B型钵 TN20E17⑥∶3

5. B型钵 TN20E18⑦∶9

6. B型钵 TN06E04③∶1

陶钵

彩版二二

1. A型器盖 TN21E22⑤∶1

2. A型器盖 TN01E05⑤∶2

3. B型器盖 TN02E05②∶1

4. B型器盖 TN05E03②∶1

5. C型器盖 TN20E17②∶3

6. C型器盖 TN20E19③∶1

陶器盖

彩版二三

1. 陶拍 TN22E18④：2

2. 陶拍 TN22E18④：2

3. 陶响球 TN20E18⑦：6

4. 圆陶片 TN21E16③：2

5. 坩埚 TN06E05②：2

6. 坩埚 TN06E05②：2

其他陶器

彩版二四

1. A型陶纺轮 TN20E18⑦:4

2. A型陶纺轮 TN02E03④:1

3. A型陶纺轮 TN23E14⑦:2

4. A型陶纺轮 TN22E16⑦:1

5. A型陶纺轮 TN01E01④:4

6. B型陶纺轮 TN20E20②:1

7. B型陶纺轮 TN01E02②:1

8. 网坠 TN22E16③:3

其他陶器

彩版二五

1. A型石钺 TN20E15②：1

2. B型石钺 TN20E18③：1

3. A型石锛 TN06E06④：2

4. B型石锛 TN21E20③：1

5. B型石锛 TN22E16③：2

6. B型石锛 TN20E18④：1

石器

彩版二六

1. B型石锛 TN22E16③:1

2. B型石锛 TN20E17②:1

3. B型石锛 TN21E17③:1

4. B型石锛 TN06E06④:1

5. A型石斧 TN01E03②:1

6. B型石斧 TN02E01③:1

石器

彩版二七

1. B 型石斧 TN02E03②：1

2. B 型石斧 TN22E22⑤：1

3. B 型石斧 TN22E16④：3

4. B 型石斧 TN21E16⑦：1

5. 石凿 TN20E16⑦：3

6. 石镰 TN22E16④：1

石器

彩版二八

1. 石刀 TN02E02③：1

2. 石刀 TN22E14④：1

3. 石箭镞 TN01E01③：1

4. 石箭镞 TS05E25②：1

5. 石箭镞 TN01E02③：1

5. 石环状器 TN21E19⑥：2

7. 切割器 TN02E02④：1

8. 刮削器 TN01E01④：3

石器

彩版二九

1. 箭镞 TN19E18⑦：1

2. 箭镞 TN23E22④：1

铜器

彩版三〇

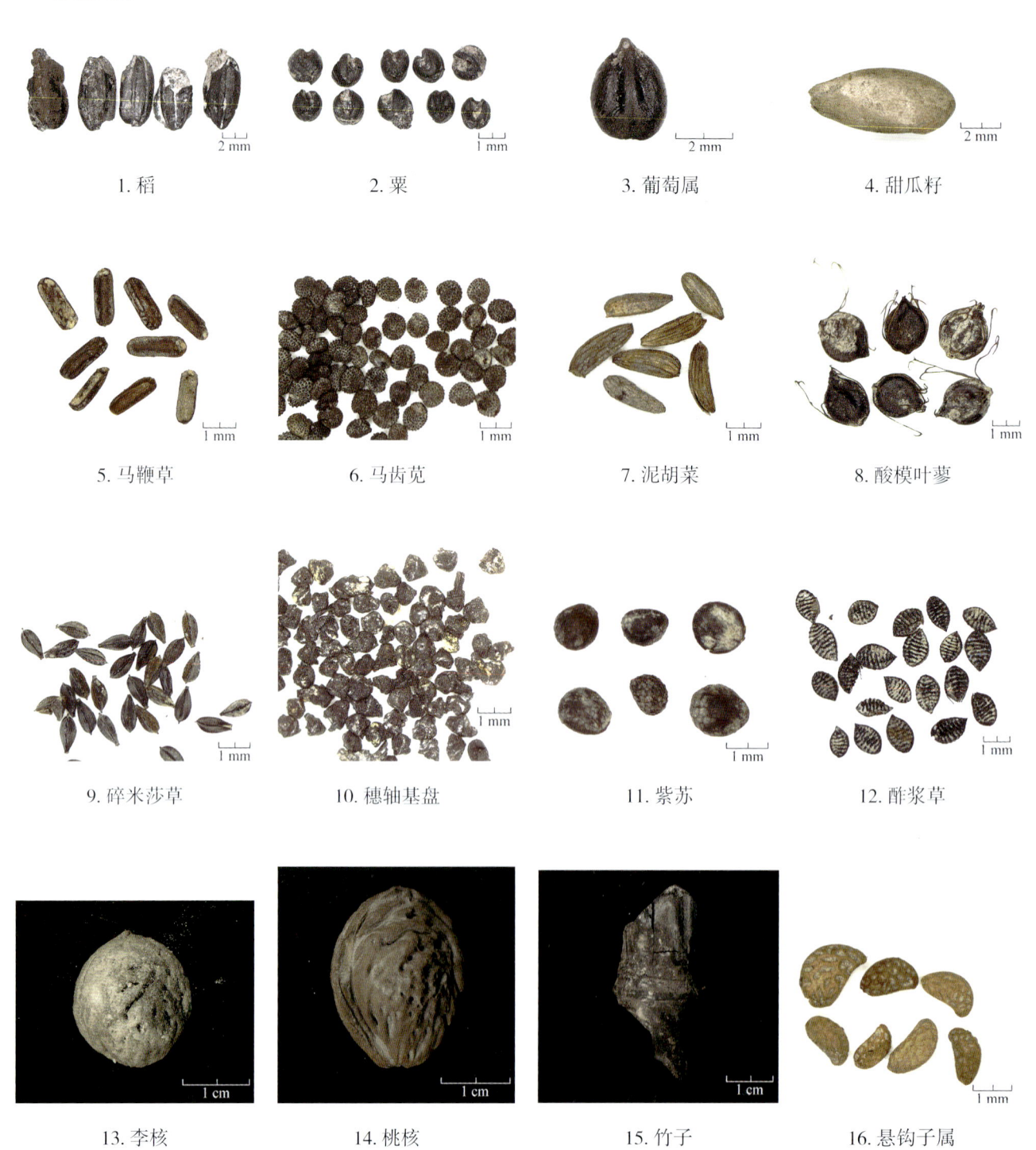

1. 稻　　2. 粟　　3. 葡萄属　　4. 甜瓜籽

5. 马鞭草　　6. 马齿苋　　7. 泥胡菜　　8. 酸模叶蓼

9. 碎米莎草　　10. 穗轴基盘　　11. 紫苏　　12. 酢浆草

13. 李核　　14. 桃核　　15. 竹子　　16. 悬钩子属

遗址部分浮选结果显微相片

彩版三一

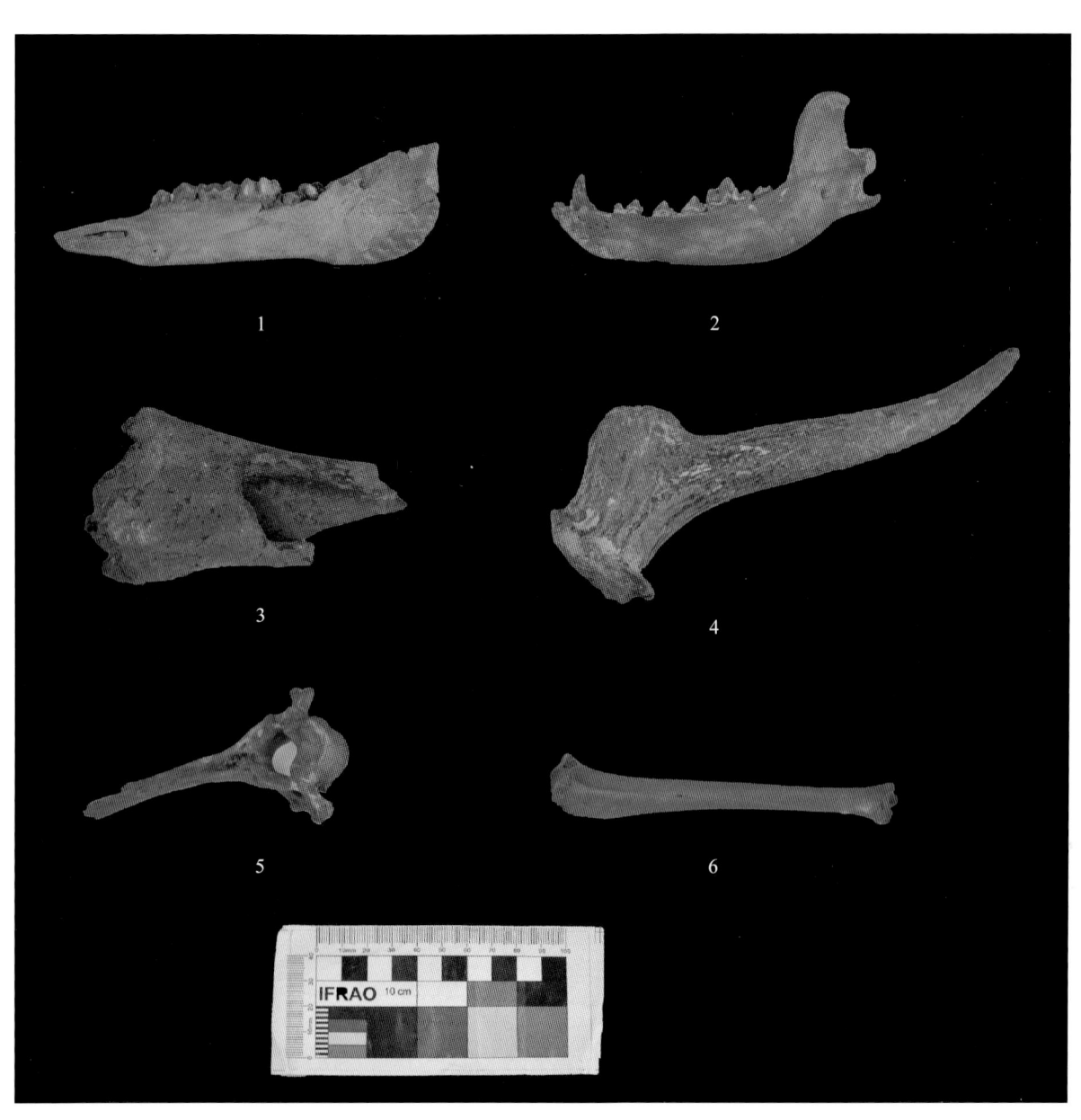

1. 猪下颌骨（TN20E16⑧：SBQb13） 2. 狗下颌骨（TN20E18⑦：SBQb19-4）
3. 牛胫骨（TN19E18⑧：SBQb51） 4. 梅花鹿角（TN21E18⑥：SBQb52）
5. 猪脊椎（TN20E18⑦：SBQb35） 6. 狗胫骨（TN20E18⑦：SBQb54）

动物骨骼